# 土地供给对区域产业发展的影响研究

Study on the Influence of Land Supply on Industrial Development

闫昊生　著

中国社会科学出版社

# 图书在版编目（CIP）数据

土地供给对区域产业发展的影响研究／闫昊生著 . —北京：中国社会科学出版社，2024.3
ISBN 978-7-5227-2526-0

Ⅰ. ①土… Ⅱ. ①闫… Ⅲ. ①土地管理—影响—区域经济发展—产业发展—研究—中国 Ⅳ. ①F321.1 ②F127

中国国家版本馆 CIP 数据核字（2023）第 162961 号

| | |
|---|---|
| 出 版 人 | 赵剑英 |
| 责任编辑 | 车文娇 |
| 责任校对 | 周晓东 |
| 责任印制 | 王　超 |
| 出　　版 | 中国社会科学出版社 |
| 社　　址 | 北京鼓楼西大街甲 158 号 |
| 邮　　编 | 100720 |
| 网　　址 | http://www.csspw.cn |
| 发 行 部 | 010-84083685 |
| 门 市 部 | 010-84029450 |
| 经　　销 | 新华书店及其他书店 |
| 印　　刷 | 北京君升印刷有限公司 |
| 装　　订 | 廊坊市广阳区广增装订厂 |
| 版　　次 | 2024 年 3 月第 1 版 |
| 印　　次 | 2024 年 3 月第 1 次印刷 |
| 开　　本 | 710×1000　1/16 |
| 印　　张 | 12 |
| 字　　数 | 168 千字 |
| 定　　价 | 65.00 元 |

凡购买中国社会科学出版社图书，如有质量问题请与本社营销中心联系调换
电话：010-84083683
版权所有　侵权必究

# 出 版 说 明

为进一步加大对哲学社会科学领域青年人才扶持力度，促进优秀青年学者更快更好成长，国家社科基金2019年起设立博士论文出版项目，重点资助学术基础扎实、具有创新意识和发展潜力的青年学者。每年评选一次。2021年经组织申报、专家评审、社会公示，评选出第三批博士论文项目。按照"统一标识、统一封面、统一版式、统一标准"的总体要求，现予出版，以飨读者。

全国哲学社会科学工作办公室
2022年

# 摘　　要

　　本书旨在探索土地供给对区域产业发展的影响。新中国成立以来，中国逐渐构建了一套独特的土地制度，其对中国的经济腾飞起到了重要的作用。其中，建设用地管理制度经历了明确国家所有的土地所有权制度、确立国有土地使用权有偿出让制度、建立现代建设用地管理制度和新时代土地管理制度改革四个阶段。在这样的背景下，中国土地供给的空间分布体现出了明显的区域间差异。其表现为：第一，在空间分布上，建设用地供给分布呈现出集聚状态。第二，在时空演变上，建设用地供给呈现出向中西部倾斜的趋势。第三，在供给结构上，建设用地供给在产业和区域层面存在明显的差异性。

　　上述区域间土地供给的差异会对区域产业的发展产生重要影响，为此，本书按照传统发展经济学的框架，从产业增长和结构转变两个维度，为土地供给对区域产业发展的影响效果及作用机制提供经验证据。在产业增长方面，本书重点关注投资和创新这两个推动产业增长的动力来源；在结构转变方面，本书重点关注产业结构由工业向服务业的转变。本书的主要观点如下。

　　第一，在工业企业投资方面，研究发现，限制土地供给会抑制企业的固定资产投资。机制分析发现，土地供给会通过"准入许可""价格信号"和"补贴载体"等渠道影响企业的投资行为。本书进一步检验了土地供给对企业投资影响的区域间异质性，研究发现，土地供给对企业投资的影响在东部地区比较显著，而在其他区域的影响则较小。因此，倾向中西部的土地供给模式可能是中国工业整体投资下滑的一个原因。

第二，在工业企业创新方面，研究发现，限制土地供给会倒逼企业的创新，且这种倒逼作用主要影响了企业创新的广延边际，而非企业创新的强度边际。机制分析表明，限制土地供给主要通过"创新补偿效应"倒逼企业创新，而企业外部的"政府筛选效应""市场选择效应"的影响不显著。异质性分析表明，限制土地供给更能倒逼企业申请实用新型专利，从而更直接、有效地提升企业的市场竞争力。

第三，在产业结构转变方面，研究发现，限制土地供给会促使区域产业结构由工业向服务业转变。机制分析表明，地方政府的经营城市行为是土地供给影响区域产业结构的内在原因，其中地方政府对土地财政的依赖和其面临的土地集约化利用压力发挥了关键作用。进一步分析表明，地方政府建设用地供应结构的转变是产业结构转变的作用途径。

**关键词**：土地供给；投资；创新；产业结构

# Abstract

This book aims to explore the impact of land supply on regional industrial development. China has a unique land system which has played an important role in its economic growth. Among them, the construction land system has gone through four stages: establishing the ownership system of state ownership, establishing a system of compensated concessions of use rights, establishing a modern construction land management system and reforming the construction land system in the new era. In such a background, the spatial distribution of land supply in China has reflected significant inter-regional differences. Firstly, the spatial distribution of urban construction land shows a state of agglomeration. Secondly, in terms of spatial and temporal evolution, the supply of urban construction land tends to be skewed towards the Central and the West. Thirdly, in terms of supply structure, there are significant differences in the supply of construction land at the industry and regional levels.

The differences in land supply between the above-mentioned regions will have an important impact on the development of regional industries. Therefore, this book provides empirical evidence on the effects and mechanisms of land supply on regional industrial development. Following the framework of traditional development economics, this book focuses on two dimensions of industrial development: industrial growth and structural transformation. In terms of industrial growth, the book focuses on investment and innovation as the two driving forces of industrial growth. And in terms of structural transformation, the book focuses on the shift in industrial structure from industry to services. The main findings are as follows.

Firstly, in the case of industrial investment, it is found that restricting land supply discourages fixed asset investment of manufacturing firms. The mechanism analysis suggests land supply affects investment by channels such as "access permit", "price signal" and "subsidy carrier". The book further examines the heterogeneity. It finds that the impact of land supply on investment is more significant in the eastern region and less so in other regions. Therefore, land supply patterns that favor the middle and western regions may be one reason for the decline in manufacturing investment in China.

Secondly, in terms of industrial enterprise innovation, it is found that restricting land supply promotes frims' innovation, and it affects the extensive margin rather than the intensive margin. The mechanism analysis shows that the "innovation compensation effect" is the major mechanism and the selection by government and market is not significant. Heterogeneity analysis shows that land supply has a greater effect on firms' application for utility model patents which can increase firms' market competitiveness more directly and effectively.

Thirdly, in terms of industrial structure transformation, it is found that restricting land supply will push regional industrial structure from industry to services. In the process of operating cities, local governments' dependence on land finance and the pressure of land-intensive use are the main mechanism. Moreover, the transformation of the local government's construction land supply structure is the channel for the transformation of the industrial structure.

**Key Words**: Land Supply; Investment; Innovation; Industrial Structure

# 目　　录

**第一章　绪论** …………………………………………………（1）
　第一节　研究背景和意义 …………………………………（1）
　第二节　基本概念和研究范围 ……………………………（4）
　第三节　研究框架 …………………………………………（6）
　第四节　研究的创新之处…………………………………（12）

**第二章　文献综述：土地供给作为政策工具**…………（14）
　第一节　土地供给作为政策工具的制度背景研究………（16）
　第二节　土地供给作为政策工具的实践研究……………（19）
　第三节　土地供给作为政策工具的经济成本研究………（24）
　第四节　总结性评述………………………………………（26）

**第三章　制度背景、特征性事实与理论框架**…………（28）
　第一节　建设用地管理制度的演变………………………（28）
　第二节　特征性事实………………………………………（39）
　第三节　理论分析框架……………………………………（48）
　第四节　本章小结…………………………………………（51）

**第四章　土地供给与企业投资**…………………………（54）
　第一节　引言………………………………………………（54）
　第二节　理论机制分析……………………………………（57）
　第三节　识别方法与数据…………………………………（63）

第四节　基础估计结果……………………………………（71）
　　第五节　机制分析与异质性分析…………………………（79）
　　第六节　本章小结…………………………………………（87）

## 第五章　土地供给与企业创新……………………………（89）
　　第一节　引言………………………………………………（89）
　　第二节　理论机制分析……………………………………（92）
　　第三节　识别方法与数据…………………………………（98）
　　第四节　基础估计结果……………………………………（104）
　　第五节　机制分析与异质性分析…………………………（112）
　　第六节　本章小结…………………………………………（120）

## 第六章　土地供给与产业结构转变………………………（122）
　　第一节　引言………………………………………………（122）
　　第二节　理论机制分析……………………………………（125）
　　第三节　识别方法与数据…………………………………（128）
　　第四节　基础估计结果……………………………………（133）
　　第五节　内在原因、作用途径和异质性分析……………（142）
　　第六节　本章小结…………………………………………（147）

## 第七章　结论和政策启示…………………………………（150）
　　第一节　研究结论…………………………………………（150）
　　第二节　政策启示…………………………………………（153）
　　第三节　研究不足及进一步研究方向……………………（155）

**参考文献**………………………………………………………（158）

**索　引**…………………………………………………………（174）

**后　记**…………………………………………………………（177）

# Contents

**Chapter 1  Introduction** ............................................ (1)
   Section 1  Background and Significance ........................... (1)
   Section 2  Basic Concepts ........................................ (4)
   Section 3  Research Framework .................................... (6)
   Section 4  Innovations and Contribution .......................... (12)

**Chapter 2  Literature Review: Land Supply as a Policy Tool** ...... (14)
   Section 1  The Institutional Context of Land Supply as a
           Policy Tool ........................................... (16)
   Section 2  Land Supply as a Policy Tool in Practice .............. (19)
   Section 3  The Economic Costs of Land Supply as a Policy
           Tool .................................................. (24)
   Section 4  Concluding Remarks .................................... (26)

**Chapter 3  Institutional Background, Stylized Facts and Theoretical Framework** ............................. (28)
   Section 1  Evolution of the Construction Land Management
           System ................................................ (28)
   Section 2  Stylized Facts ........................................ (39)
   Section 3  Theoretical Framework ................................. (48)

Section 4　Concluding Remarks ……………………………… (51)

**Chapter 4　Land Supply and Firms' Investment** …………… (54)
Section 1　Introduction ……………………………………… (54)
Section 2　Analysis of Theoretical Mechanisms ……………… (57)
Section 3　Identification Strategy and Data ………………… (63)
Section 4　Benchmark Results ……………………………… (71)
Section 5　Mechanism Analysis and Heterogeneity Analysis … (79)
Section 6　Concluding Remarks …………………………… (87)

**Chapter 5　Land Supply and Enterprise Innovation** ………… (89)
Section 1　Introduction ……………………………………… (89)
Section 2　Analysis of Theoretical Mechanisms ……………… (92)
Section 3　Identification Strategy and Data ………………… (98)
Section 4　Benchmark Results ……………………………… (104)
Section 5　Mechanism Analysis and Heterogeneity Analysis … (112)
Section 6　Concluding Remarks …………………………… (120)

**Chapter 6　Land Supply and Industrial Restructuring** …… (122)
Section 1　Introduction ……………………………………… (122)
Section 2　Analysis of Theoretical Mechanisms ……………… (125)
Section 3　Identification Strategy and Data ………………… (128)
Section 4　Benchmark Results ……………………………… (133)
Section 5　Analysis of Intrinsic Causes, Impact Channels and Heterogeneity ……………………………………… (142)
Section 6　Concluding Remarks …………………………… (147)

**Chapter 7　Conclusions and Policy Implications** …………… (150)
Section 1　Research Findings ……………………………… (150)

Section 2　Policy Insights ······················································ (153)
Section 3　Research Gaps and Directions for Further
　　　　　　Research ···················································· (155)

**Reference** ································································· (158)

**Index** ····································································· (174)

**Postscript** ································································ (177)

# 第一章
# 绪　论

## 第一节　研究背景和意义

改革开放40多年来，中国经济发生了翻天覆地的变化，创造了经济发展的奇迹。在改革的进程中，中国的经济制度为国民经济的腾飞提供了良好条件。其中，土地制度是极具中国特色的经济制度之一，在经济发展过程中起到了至关重要的作用。在国有建设用地方面，中国的土地制度具有以下几个特点：第一，建设用地所有权归国家所有，使用权和所有权分离，使用权可以有偿出让；第二，建设用地供给受到数量和用途的双向管制，中央政府决定着土地供给的数量，地方政府可以在土地利用总体规划的框架内决定土地供给的结构；第三，土地市场在需求端的市场化程度、利用集约化程度和管理现代化程度不断提高。

这个土地制度赋予了政府很大的政策空间，使政府具有利用建设用地供给调控区域经济发展的能力。从中央政府的角度，城镇土地所有权归国家所有给了中央政府决定土地供给的权力，而且中央政府通过限制农村集体用地不得用于建设和保证耕地的占补平衡等规定，限制了地方政府的建设用地数量。因此，地方政府的土地供给数量受到中央分配用地指标的严格约束，中央政府可以通过控制土地的供给来影响区域经济发展（严金海，2018）。

对于地方政府而言，在上级政府分配的用地指标范围内，地方政府决定着本地建设用地的供给。地方政府不仅可以将土地作为招商引资的重要工具，也可以将土地作为资产，为地方财政提供资金。在招商引资方面，地方政府一方面可以通过提供补贴和降低土地价格等手段吸引目标企业，另一方面也可以通过土地出让的审批程序实现对企业的选择，从而优化本地的产业结构。在财政方面，1994年分税制改革后，地方政府税源收入受到了很大限制，但是，土地市场为地方政府提供了一个"以地生财"的途径。有研究表明，某些年份中，土地出让价款可占财政收入的40%（Wu，2015）。而且2008年国际金融危机后，地方政府可以通过建立融资平台进行债务融资，其中有大部分融资以土地出让金作为抵押，所以，土地又为地方政府提供了一条"以地融资"的途径（范剑勇、莫家伟，2014）。

总之，中国的土地制度为各级政府提供了一个广阔的政策空间，这使政府可以将土地供给作为一种政策工具推动经济发展。例如，在改革开放初期，中国区域战略向东部沿海地区倾斜，在土地政策方面，东部地区也走在全国前列，例如我国第一宗土地协议出让就发生在深圳市，并且长期以来我国出让的土地也主要集中在东部地区（雷潇雨、龚六堂，2014）。然而，自21世纪以来，为了缓解区域经济发展的差距，中央政府实施区域协调发展战略，土地供给也成为区域协调发展战略的有力抓手。自2003年以来，中央开始实施倾向于中西部的土地供给政策（陆铭等，2015），严厉打击土地违法行为，并且限制跨省区的耕地占补平衡（邵挺等，2011）。这些举措着力推动经济活动向中西部转移。

在地方政府方面，由于其有强烈的加快本地经济发展的动机，土地供给也一直被用作产业政策的工具。在改革开放初期，地方政府建设各种工业园区，低价出让工业用地（张莉等，2013），从而吸引企业到本地区投资生产，土地供给对区域工业增长起到了推动作用。地方政府以土地供给作为政策工具还体现在财政方面，其中标志性做法就是"土地财政"，地方政府以较低价格征收农业用地，平整开发后作为城镇建设用地以较高价格出让，从而获得丰厚的土地出让收入（Zhan，2013）。地方政府以土地供给作为财政工具弥补了财政缺口，为城镇化提供了资金保障，承担了近年来高速城镇化的成本。

综上所述，各级政府均有能力也有意愿将土地供给作为政策工具，调控区域经济发展，并且中央和地方政府的政策目标、调控手段也存在很大差别，为我们深入理解土地供给在区域经济发展中的作用提出了一个很好的研究课题。然而，现有学界关于建设用地和区域经济发展关系的研究大多聚焦在土地对区域经济发展的作用上，提出了"以地引资""以地融资"和"以地生财、以财养地"等理论（周飞舟，2007；郑思齐等，2014；杨继东等，2018；张莉等，2013），系统性考察土地供给数量变化对区域经济发展影响的文献相对较少。而且，现有土地指标变化对区域经济影响的研究往往聚焦在当前土地供给模式的不利影响上，很少有研究在一个发展经济学的框架内，综合论述土地供给对产业发展的影响。另外，也很少有研究关注不同级别政府在土地领域的互动，即地方政府如何对中央政府决定的土地供应指标进行反应，进而如何影响区域产业的发展。

因此，本书在梳理中国土地制度改革过程和当前土地供给的特征性事实的基础上，从产业增长和结构转变两个维度，综合考察了土地供给变化对区域产业发展的影响，并且从市场机制和政府调控两个角度分析了其影响机制。这加深了对当前土地供给模式的经济影响的理解，为未来中国更好地利用土地供给这一政策工具促进产业发展、优化产业结构和平衡产业空间布局提供依据，同时也为未来中国建设用地制度的改革提供了参考。

## 第二节 基本概念和研究范围

### 一 土地供给

本书所关注的土地供给，主要指的是国有建设用地的供给。根据《中华人民共和国土地管理法》，中国实行土地的社会主义公有制，按照土地用途可以将土地划分为农用地、建设用地和未利用地三类，其中"建设用地是指建造建筑物、构筑物的土地，包括城乡住宅和公共设施用地、工矿用地、交通水利设施用地、旅游用地、军事设施用地等"。

中国国有建设用地实施用途和数量的双向管制。《中华人民共和国土地管理法》规定，"实行土地用途管制制度……严格限制农用地转为建设用地，控制建设用地总量，对耕地实行特殊保护"。除了用途管制，地方政府可以供给的建设用地也受到数量上的管制，地方政府可供给的建设用地数量不仅受到土地利用总体规划的约束，而且每年可支配的建设用地数量也受到上级政府分配的指标约束。《土地利用年度计划管理办法》规定，"新增建设用地计划指标实行指令性管理，不得突破。……没有土地利用年度计划指标擅自批准用地的，按照违法批准用地追究法律责任"。但是，地方政府可以在给定用途和数量的前提下决定土地供给的结构，《国有建设用地供应规划编制规范》规定，"市、县国土资源行政主管部门可按行政辖区、城市功能区、住房和各业发展用地需求、土地用途和供应方式，对国有建设用地供应计划指标进行分解"。因此，中国建设用地供给受到用途和数量的双向管制，地方政府在上级给定的土地指标约束下，可以决定供给的建设用地的结构。

建设用地的供给方式可以是有偿出让或者是划拨等方式。中国实施国有建设用地使用权和所有权分离的土地制度，建设用地可以依法确定给单位或者个人使用。《中华人民共和国土地管理法》规定,"建设单位使用国有土地的,应当按照土地使用权出让等有偿使用合同的约定或者土地使用权划拨批准文件的规定使用土地"。其中,工业、商业等经营性用地只能通过出让的方式供应,其中又以招标、拍卖和挂牌(以下简称"招拍挂")与协议几种方式为主。

总之,上述论述明确了本书中土地供给的概念、供给规定和供给方式,此外,土地供给还涉及土地来源、供应时序、利用效率和供给结构等方面。然而限于篇幅,本书将以区域土地供给的数量为主要切入点,研究其对区域产业发展的影响,而土地供给的结构等因素作为作用途径在分析中涉及。

### 二 产业发展

本书研究的核心问题是国有建设用地的供给对区域产业发展的影响。然而,产业发展是一个内涵广泛的概念,很难在一部著作中对产业发展的各个方面进行全面的描述。所以,本书需要对书中产业发展的研究范围进行界定。

发展是一个综合的概念,增长和结构转变一直在其中占有重要的位置。正如《发展经济学》指出,"关于经济发展的每本教材都有其定义经济发展的方法。所有定义都包括经济增长,但通常也包括产出结构的转变"(林恩斯图亚特·R.,2009)。因此,本书从增长和结构两个维度对产业发展进行研究。其中,根据经济增长的相关理论,投资增长(Domar,1946)和技术创新(Solow,1956)是决定经济增长的关键因素,所以,本书关于增长的研究也将主要围绕投资增长与技术创新展开。

传统的发展经济学关注经济结构从农业向工业进而向服务业的转化,配第、克拉克、库兹涅茨等学者发现,经济发展与三次产业结构变化有密切的关系(Allen and Clakr,1951;Blyth and Kuznets,1973),因此,产业结构变迁也是产业发展的一个重点。本书主要关注建设用地的供给对产业发展的影响,而建设用地主要被用于工业和服务业建设,因此,其对产业结构的影响也主要发生在工业和服务业之间。另外，当前中国经济结构正在面临产业结构由以制造业为主迅速向以服务业为主转变和经济"脱实向虚"等问题，研究经济结构由工业转向服务业也具有重要的现实意义。因此，本书关于结构转变的研究主要关注区域产业结构由工业向服务业的转变。

综合以上因素，本书的研究范围界定如下：从增长和结构两个维度研究建设用地供给对产业发展的影响。具体而言，从工业出发，从经济增长的视角，研究建设用地供给对投资增长和技术创新的影响；然后再从结构转变的视角，研究建设用地供给如何影响产业结构由工业向服务业的转变。

## 第三节  研究框架

### 一  研究方法

（一）归纳分析方法

本书利用归纳分析的方法梳理了研究背景，总结提炼了研究问题。具体而言，本书利用归纳分析的方法，综述了现有学术研究，为本书构建了研究基础；梳理了中国土地制度的演变历程，为本书构建了制度基础；分析了当前中国土地供给的特征性事实，为本书构建了现实基础。在此基础上，本书通过归纳分析的方法提出研究问题，并与理论演绎的方法相结合，系统性地剖析土地供给对区域产业发展的影响。

（二）空间统计学方法

本书利用空间统计学的方法，刻画了中国土地供给的空间分布，对土地供给的特征性事实进行了分析。具体而言，本书利用空间核密度估计法，刻画了土地供给的空间分布密度，从而反映出土地供给的空间集聚程度；利用标准差椭圆的方法，计算了土地供给的方向分布情况，从而反映出土地供给的空间分布的重心、方向性以及离散程度；本书还利用空间聚类分析方法，刻画了土地供给结构的空间聚类情况，从而反映出土地供给结构在空间上的聚集态势。

（三）计量经济学方法

在经验研究方面，本书主要采取计量经济学的方法，借助工业企业和土地出让的数据，对理论假说进行检验，估计出土地供给与区域产业发展之间的因果关系。具体而言，在实证研究中本书首先基于 OLS 的估计，得到基础的估计结果；然后再根据具体的问题，分别采用 IV、DID 等方法解决内生性问题，从而准确地识别出变量间的因果关系；最后在机制分析中，本书也依据问题的研究情境，采用了 Logit、Cox 等非线性模型进行了估计。总之，在实证分析中，本书根据具体研究情境，选取了合适的计量经济学方法，从而为理论假说提供经验证据。

## 二 研究思路

本书主要按照"提出问题—分析问题—解决问题"的研究思路展开，具体思路如下。

（1）提出问题。本书始终围绕土地供给对产业发展的影响这一条主线开展研究。本书首先根据文献综述、制度背景梳理和土地供给现状的空间统计分析，厘清了中央政府区域间建设用地配置的模式，然后从上文所述的产业发展视角，提出本书的核心问题：

第一，这种土地供给模式对工业企业投资有什么影响？

第二，这种土地供给模式对工业企业创新有什么影响？

第三，这种土地供给模式对工业向服务业的结构转变有什么影响？

（2）分析问题。本书的主体部分对上述三大问题进行回答，并进一步从政府行为和市场机制两个角度分析土地供给对上述问题的影响机制。土地是连接政府行为和企业行为的重要纽带，政府会以土地供给作为政策工具，通过有偿出让土地的方式，将土地作为"补贴载体"，影响产业发展。而且，土地也是重要的生产要素，土地供给变化会影响土地价格，通过"价格信号"机制影响企业利润，进而影响产业发展。此外，土地还有"准入许可"的属性，土地是企业进行生产的空间载体，是项目落地的必要条件，因此土地供给会影响企业进入市场，进而影响产业发展。最后，土地供给除了可以通过其政策属性直接影响产业发展，也会通过影响地方政府行为影响区域产业发展。本书将从上述角度分析土地供给对产业发展的影响机制。

（3）解决问题。本书提出问题和分析问题，最终的目标是为优化土地资源配置模式提供政策启示。具体而言，本书通过分析土地供给对投资、创新和产业结构的影响，得出对当前土地供给模式优势与弊端的综合评价；通过机制分析，更深入地理解土地供给影响产业发展的原因，从而为未来土地配置模式的优化提出有针对性的政策启示。另外，本书的分析也可以为缓解制造业投资下滑、提升企业创新能力和抑制产业服务化等当前重大经济问题提出相应的政策启示。

综上所述，本书的技术路线如图1-1所示。

### 三　内容概要

本书共有七个章节，除了本章作为绪论，其余章节总体可分为以下几个部分：第二章和第三章主要回答"是什么"的问题，通过综述现有文献、梳理制度背景和描述特征性事实，给出本书的研究基础、制度基础和现实基础；第四章到第六章是本书的第二部分，主要回答"为什么"的问题，其中第四章和第五章分别从投资和创新两个维度关注了工业的增长，第六章从结构转变的角度，关注了产业结构由工业向服务业的转变；第七章为第三部分，对全书内容进行了总结，并提炼了政策启示，主要回答了"怎么办"的问题。各章具体内容概括如下。

第二章从土地供给作为政策工具的角度进行了文献综述。在梳理中国土地制度改革过程的基础上，本章从政府将土地供给作为政策工具的视角，着重分析了土地供给在中国经济发展中起到的作用，

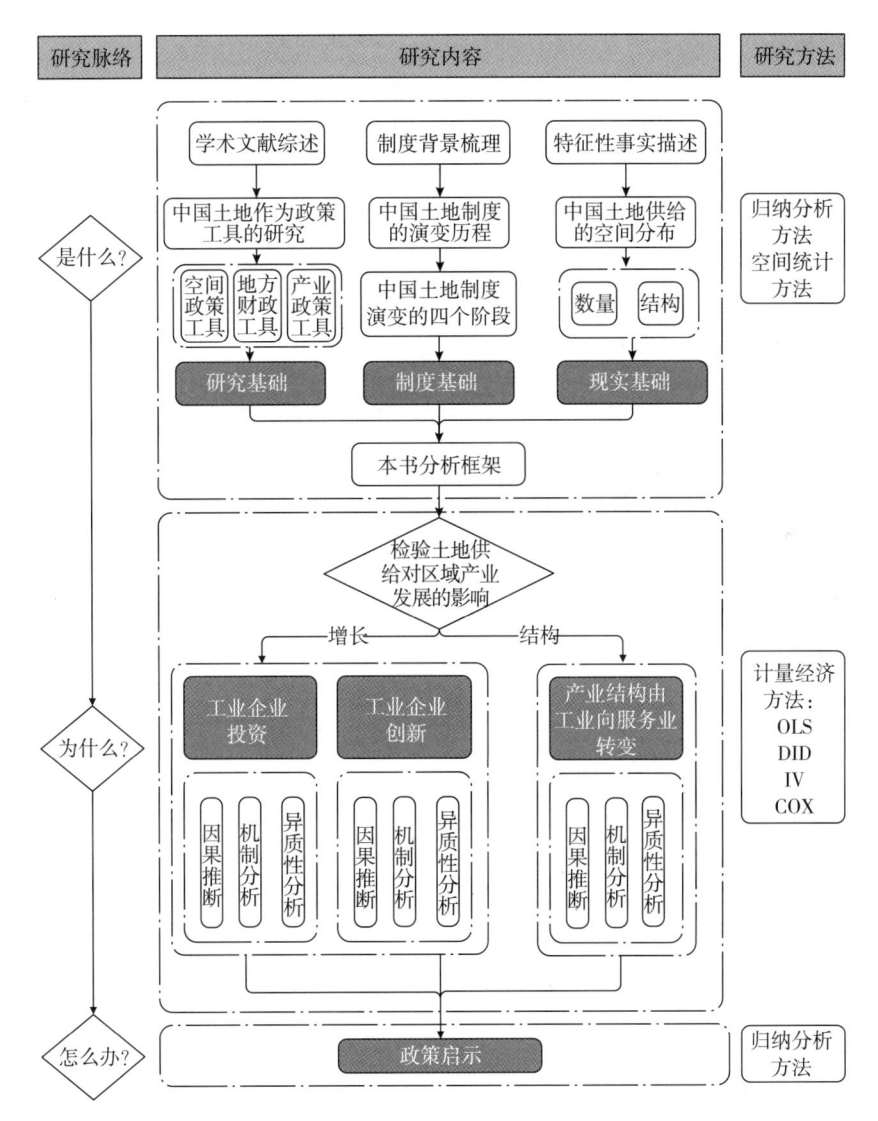

图 1-1 技术路线示意

以及其带来的潜在成本。分析发现，土地供给作为空间政策工具、地方财政工具和产业政策工具，对改革开放以来的经济发展发挥了极其重要的作用，但同时也带来了土地价格攀升、地方政府债务扩大和资源配置效率下降等问题。

第三章分析了中国建设用地管理制度的演变和土地供给的空间

分布情况，并构建了全书的理论分析框架。新中国成立以来，国有建设用地管理制度演变经历了明确国家所有的土地所有权制度、确立国有土地使用权有偿出让制度、建立现代建设用地管理制度和新时代土地管理制度改革四个阶段。在这样的土地制度下，中国建设用地的空间分布体现出了明显的区域差异：第一，土地供给总量在空间上体现出集聚的特征，呈现出依托中心城市的集聚分布状态，特别是集聚在长三角和珠三角等发育比较成熟的城市群中；在时间演变上，土地供给的中心向西部、南部移动，分布方位逐渐转为东西向的纵深延展。第二，土地供给结构也体现出明显的差异性，第二产业供给较高的区域分布在东部地区，而且高聚类范围不断缩小，反映出了产业服务化的端倪；高技术产业在长三角、长江中下游城市群集聚，而且集聚的程度不断加深。最后，本章基于制度背景和特征性事实，提出了全书的理论分析框架。

第四章关注工业企业投资增长。本章从市场机制和政府调控等角度进行了理论机制分析，并基于工业企业数据，采用 OLS、工具变量和双重差分等方法，检验了土地供给对企业投资行为的影响。在此基础上，本章进一步分析了限制土地供给抑制企业投资的原因，研究发现企业购买土地建设新项目机会减少、企业财务成本上升、企业得到的直接补贴和低价拿地获得的"隐性补贴"下降，是限制土地供给抑制企业投资的原因。本章也进行了异质性分析，发现土地供给对投资的影响在东部地区比较显著，而在其他区域较小，这为中国制造业投资的下滑提供了一个解释。

第五章关注工业企业创新增长。本章整合了工业企业数据和中国研究数据服务平台（CNRDS）的专利数据，利用 OLS 和 Logit 模型分析了土地供给对企业创新的总效应以及创新的强度边际（intensive margin）和广延边际（extensive margin）的影响，并且利用工具变量、双重差分等方法进行了稳健性检验。本章接下来重点识别了影响机制，发现企业的"创新补偿效应"是主要的影响机制，而"政府筛选效应"和"市场选择效应"的影响不显著。总之，上述研究验证了限制土地供给会倒逼企业创新能力的提升，发现了现有土地供给模式的优势。

第六章关注区域产业结构由工业向服务业的转变。本章主要从地方政府"经营城市"行为的角度，进行了理论机制分析，即分析地方政府在受到上级政府给定土地指标约束的条件下，如何通过决定不同产业间的土地供给，从而对地区产业结构产生影响。然后，本章以低丘缓坡试点为准实验，利用双重差分的方法进行了经验研究。研究发现，限制土地供给会促使城市产业结构向服务化转变，地方政府对土地财政的依赖和土地利用集约化的压力都会促使地方政府推动产业结构的服务化。最后，本章还发现，地方政府土地供给结构的转变是上述效应的一个实现途径。

最后，第七章对上述各章进行了总结，并且提炼了本书的政策含义。具体可以归结为以下几点：第一，在投资方面，如果当前的政策目标是稳定中国制造业企业的投资，那么增加东部地区土地供给是一条可行之策；而如果政策目标是利用土地政策支持落后区域发展，那么仅仅增加土地供给的政策效果有限。第二，在企业创新方面，本书发现限制土地供给推动了企业创新能力的提升，所以，当前的土地供给模式客观上推动了中国经济向创新驱动的转变。因此，在未来对土地供给方式进行改革时，应该综合评价现有土地配置模式的优点与不足，根据不同的政策目标，选择相应的土地资源配置模式，从而全面地优化土地资源配置。第三，针对缓解产业结构服务化问题，本书有如下政策启示：一是调整供给，即土地供给的限制是推动产业结构服务化的源头，如果政策目标单纯是缓解产业结构服务化，那么放松土地供给的限制可能是一个有效的手段；二是改变机制，即由于其影响机制是政府的经营城市行为，调整地方政府的激励方式，切断土地供给向产业结构服务化的传导途径也是一个潜在的解决思路；三是优化配置，即在给定限制土地供给和地方政府激励等制度性因素不变的情况下，由于区域的异质性，土地供给对产业结构服务化的影响在不同区域中有差异，因此，可以通过差异性的土地供给方式，减缓产业结构过度服务化。

## 第四节 研究的创新之处

第一，本书细致地识别了土地供给对产业发展的因果影响。区域中土地供给数量受到中央政府的指标限制，而中央政府在分配指标时会考虑到区域的发展情况，因此存在较强的内生性。而且，当前可以利用的数据往往是土地出让数据，它代表的是供给和需求共同作用下的均衡结果，因此也会造成联立方程的偏误。为了解决这个问题，本书整理了工业企业、企业专利申请、每宗建设用地出让等微观数据，并结合城市层面的经济、地理特征数据，形成了一个丰富的数据库，进而通过利用城市地理因素作为工具变量，实现对因果关系的识别。另外，本书还利用手工收集的低丘缓坡试点和土地利用总体规划等政策文件，找到外生于企业行为的政策冲击，利用双重差分的方法，对因果关系进行更加详细的识别。

第二，本书系统地分析了土地的政策属性。与一般的要素不同，建设用地具有"准入许可""价格信号"和"补贴载体"三种政策属性，因此土地供给变化除了依靠市场机制，通过"价格信号"影响产业发展，也可以通过政府干预的机制影响区域产业发展。特别是在中国建设用地所有权归国家所有的情况下，企业拿到土地相当于获得了建厂生产的"准入许可"。同时，在"补贴载体"政策属性的影响下，土地供给不仅为政府的直接补贴提供了资金支持，也可以通过企业低价拿地的途径提供"隐性补贴"。本书基于上述政策属性进行了机制分析，同时也为未来学术研究提供了一个有趣的视角。

第三，本书从土地供给的视角为中国经济中的重要现实问题提供了新的解释。例如，（1）针对中国经济中的"脱实向虚"问题，本书发现，当前限制东部地区的土地供给模式会导致中国制造业投资率的下降，同时限制土地供给也会通过地方政府经营城市行为推动产业结构向服务业转变。(2) 针对土地政策有效性问题，本书发现，由于土地具有"准入许可"的属性，因此，土地供给作为政策工具的效果具有较强异质性，通过增加土地供给支持落后区域发展的作用有限。(3) 针对当前土地供给模式的评价问题，本书发现，当前的土地供给模式虽然导致了制造业投资率下降，但客观上也会倒逼制造业企业的创新，因此，在改革土地供给方式时，应根据不同的政策目标，相机选择土地供给模式。

# 第 二 章

# 文献综述：土地供给作为政策工具

土地作为农业经济中财富的基础，很早就被经济学家纳入了研究的范畴。例如，马克思认为土地是"一切生产和存在的源泉"，威廉·配第认为"土地是财富之母，而劳动则为财富之父"，马歇尔将土地视作生产的四个要素之一，并分析了土地对国家财富增长的作用。然而，随着经济学的进一步发展，经济学逐渐淡化了对土地相关的研究（任旭峰，2012）。与古典经济学、新古典经济学普遍将土地作为财富的根本要素不同，现代的经济增长模型普遍强调技术进步在经济增长中的作用，而仅将土地抽象成为资本的一部分。这种变化的原因一方面在于学者追求模型求解和分析的简便，另一方面也在于经济学家认为土地对经济发展的约束越发宽松。例如，舒尔茨认为，在英国、美国及其他许多科技高度发达的社会，经济已经摆脱了原先由土地施加的桎梏。因此，土地问题的研究和经济增长的研究逐渐相分离，经济增长的研究一般聚焦在宏观层面，很少考虑土地问题；而土地利用的文章一般研究微观层面的问题，忽视了土地利用变化和宏观经济增长的联系（Partridge and Rickman, 2013）。

然而，正如戴维·罗默指出"土地的固定供给可能对我们的生产能力是一种严格约束"，有关经济增长的研究对土地问题的忽视使其存在一些局限，特别是在区域经济增长领域，土地对于区域经济增长的影响更加不容忽视。因此，在主流的经济增长文献逐渐忽视土地问题的同时，区域经济学、经济地理学等领域的学者却没有停止对土地问题的探索。早在19世纪，区位论的先驱杜能就论述了土地利用和农业生产区位选择的关系，也有学者将住房用地引入新经济地理学的框架，使其成为分散力的一个来源（Helpman，1998），还有一些研究试图将区域经济与土地市场联系起来，认为土地市场可以改变区域经济发展模式和福利分配（McDonald，2001）。近年来，有关土地规制、土地价格、土地资源错配和土地利用模式等土地相关的问题吸引了越来越多国外学者的关注。

在美国，地方政府主要利用土地规制（regulation）和区划（zoning）政策控制城市的空间结构，土地规划对城市发展模式和经济增长模式具有巨大的影响，因此许多学者分析了土地规制的政策效果。研究认为，土地规划似乎与市场机制下的城市结构存在矛盾（Glaeser and Ward，2009），而且由于严格的土地规划限制了城市核心地区的土地利用，所以可能导致城市蔓延（sprawl）和去中心化（decentration）的出现（Carruthers，2003）；另外，也有研究发现土地规制会促使污染企业转移到规制宽松的区域，从而加重生态的破坏以及污染的空间转移（Glaeser and Kahn，2010）。土地价格也是土地的重要属性，一方面，土地价格波动以及其引致的消费、投资变化可以对宏观经济周期起到重要影响（Gong et al.，2013），研究发现，1993—2007年土地价格的上涨提高了企业的投资（Chaney et al.，2012）；另一方面，土地价格的上涨会直接导致房地产价格的上涨（Davis and Heathcote，2007），进而在很大程度上影响到宏观经济的波动。因此，许多研究分析了土地价格的影响因素，结果表明土地供给的限制、基础设施和自然环境等因素都会影响土地的价格（Partridge et al.，2008）。另外，土地资源的错配问题近几年吸引了经济学者的关注（Brandt et al.，2013；Restuccia and Santaeulalia-Llopis，2017），其中也有研究分析了土地资源错配对农业生产效率的影响（Adamopoulos et al.，2017）。最后，还有一些土地相关的文献研究了土地利用模式问题，其内容非常广泛，包括房地产发展（Glaeser and Tobio，2007）、自然保护区建设（Lewis et al.，2002）和城市蔓延（Burchfield et al.，2006）等方面。

国内对土地问题的研究重点和国外有很大的区别，其根本原因在于在欧美等国土地私有制的制度设定下，政府的作用主要体现在规划的角度。然而，中国的土地制度是土地所有权归国家或集体所有，土地供给受到政府的控制。因此，中国土地问题的研究也表现出明显的中国特色，例如，大量研究关注了城乡用地二元化（刘守英，2018a）、建设用地供给（陆铭等，2015）、土地出让市场化（徐升艳等，2018）、土地财政（邵朝对等，2016）、以地引资（杨其静等，2014）及以地融资（范剑勇、莫家伟，2014）等极具中国特色的问题。其中，许多研究将土地供给视为政府的政策工具，探究了其对经济发展的作用效果及影响机制，并分析以土地供给作为政策工具所产生的问题。

## 第一节 土地供给作为政策工具的制度背景研究

在中国的历史长河中，土地制度改革对经济社会结构的变革起到决定性的影响（代谦、别朝霞，2016）。新中国成立后，中国土地制度发生了翻天覆地的变化，在计划经济时期，城镇建设用地主要通过划拨的形式进行配置。改革开放后，在1986年中央政府颁布了《中华人民共和国土地管理法》，明确了城市土地使用权可以有偿出让。1987年9月8日，深圳市以协议的形式第一次有偿出让了城镇建设用地，拉开了建设用地土地由无偿划拨转向有偿出让的序幕。1990年出台的《中华人民共和国城镇国有土地使用权出让和转让暂行条例》明确将国有建设用地的所有权和使用权进行分离，允许市、县级地方政府出让土地使用权，并且正式允许土地使用权进行转让。在这一期间，土地制度的改革打破了计划经济时期以划拨为主的土地资源配置方式，提高了资源配置的效率，也为地方政府招商引资提供了一个有力的谈判工具。但是，这一时期的土地出让一般以协议出让为主，存在巨大的寻租空间，可能滋生腐败行为，而且地方政府为了招商引资往往展开"底线竞争"，以极低的地价将土地出让给企业，造成了资源配置的扭曲与土地资源的浪费（Cai et al., 2013；刘守英, 2012；陶然等, 2009；袁志刚、绍挺, 2010）。

为了解决上述问题，进入21世纪以后，建设用地出让市场化的进程正式开启。2001年4月，国务院发布了《关于加强国有土地资产管理的通知》，提出要"大力推行国有土地使用权招标、拍卖出让"，并且在地方的实践中，市场化的土地出让逐渐演变为"招标""拍卖"和"挂牌"三种方式。2002年5月国土资源部颁布《招标拍卖挂牌出让国有土地使用权规定》，明确规定各类经营性用地必须以"招拍挂"形式进行出让，并且在2004年要求商业、旅游、娱乐和商品住宅等城市经营性建设用地只能通过"招拍挂"的方式出让。之后，市场化改革逐渐扩展到了工业用地，2006年国土资源部颁布《招标拍卖挂牌出让国有土地使用权规范（试行）》和《协议出让国有土地使用权规范（试行）》，要求地方政府事先在中国土地市场网上公布土地出让计划，出让之后公布土地出让结果；此后国务院颁布的《国务院关于加强土地调控有关问题的通知》提出建立工业用地出让的最低价标准，并且要求工业用地必须采用"招拍挂"的方式出让；2007年国土资源部发布《招标拍卖挂牌出让国有建设用地使用权规定》，明确规定工业用地要采用"招拍挂"的方式出让。土地市场化改革有效地抑制了通过低价出让工业用地的现象，提高了土地资源的配置效率，促进了经济增长（赵燕菁, 2014；雷潇雨、龚六堂, 2014）。但是，由于土地市场化改革重点在于放开了土地需求端的市场化竞争，然而地方政府依旧控制着土地的供给，因此，当前的土地市场还不是一个完全竞争的市场结构，需求端的竞争带来了土地价格的快速上涨（Wu et al., 2016）。

总之，在土地的供给端，中央政府和地方政府具有截然不同的作用，中央政府决定着土地供给的数量，而地方政府很大程度上控制着土地的价格。从中央政府的角度，城镇土地所有权归国家所有给了中央政府决定土地供给的权力，而且中央政府通过农村集体用地不得用于建设和保证耕地的占补平衡等规定限制了地方政府的建设用地数量。因此，地方的土地供给数量受到中央分配的用地指标的严格约束，中央政府可以通过控制土地的供给来影响区域经济发展（严金海，2018）。

对地方政府而言，一方面地方政府的土地供给数量受到中央政府用地指标的限制，另一方面地方政府又完全控制着本地建设用地的供给，这赋予了地方政府很大的政策空间。地方政府不仅可以将土地作为招商引资谈判的重要工具，也可以将土地作为资产，为地方财政提供资金来源。在招商引资方面，地方政府一方面可以通过土地价格和补贴等手段吸引目标企业，另一方面也可以通过审批的程序来实现对企业的选择，从而优化本地的产业结构。在财政方面，1994年分税制改革后，地方政府的税源收入受到了很大的限制，但是土地市场为地方政府提供了一个"以地生财"的途径。有研究表明某些年份中，土地出让金可占财政收入的40%（Wu，2015）。而且2008年国际金融危机后，地方政府可以通过建立融资平台进行债务融资，其中有大部分融资以土地出让金作为抵押，所以土地又为地方政府提供了一条"以地融资"的途径（范剑勇、莫家伟，2014）。总之，土地为地方政府提供了一个广阔的政策空间，并且在当前的体制下，地方政府有"锦标赛"似的压力和区域间相互模仿的倾向（杨其静、彭艳琼，2016），这进一步促使政府乐于将土地供给作为一种政策工具来推动经济的发展。

## 第二节　土地供给作为政策工具的实践研究

### 一　空间政策工具

在中国的政策实践中，中央政府也积极利用土地供给作为实施空间政策的工具。在改革开放初期，中国区域战略向东部沿海地区倾斜，在土地供给制度改革方面，东部地区也走在全国的前列，例如中国第一宗土地协议出让就发生在深圳市。东部沿海地区宽松的土地供给政策在客观上对改革开放后东部地区经济的快速增长起到了促进作用（Storesletten and Zilibotti，2014），低廉的土地价格成为吸引外商投资的有利条件，而外商投资带动了技术的提升和制度的优化，共同促进了区域经济的发展。

然而，21世纪以来东西部的区域差距不断扩大，所以中央政府先后实施了西部大开发、东北老工业基地振兴和中部崛起等战略，区域协调发展战略逐渐形成。土地供给作为一种政策工具，成为中央政府实施区域协调发展战略的有力抓手。自2003年以来，中央开始实施倾向于中西部的土地供给（陆铭等，2015），中西部土地出让的成交面积不断上升，其占全国总面积的比例由2003年的29.5%上升到2016年的54.6%。同时，中央政府也严厉打击土地违法行为，并且限制跨省区的耕地占补平衡（邵挺等，2011），这些举措保证了东西部地区土地供给的差距，推动经济活动突破胡焕庸线向中西部转移。

中央政府利用土地供给作为空间政策工具还体现在更加微观的层面，即利用土地政策的倾斜平衡大中小城市发展，以及支持自由贸易区和贫困地区等特殊类型区域的发展。例如，2018年国务院下发的《国务院关于支持自由贸易试验区深化改革创新若干措施的通知》明确规定"编制下达全国土地利用计划时，考虑自贸试验区的实际情况，合理安排有关省（市）的用地计划；有关地方应优先支持自贸试验区建设，促进其健康有序发展"。《全国土地利用总体规划纲要（2006—2020年）调整方案》明确提出优先安排脱贫攻坚用地，为贫困县优先安排建设用地指标。这些倾斜土地政策对调整城市、区域层面的经济空间结构起到了重要作用。

在中央政府以土地供给作为空间政策工具，调控中国经济空间布局的过程中，土地要素发挥作用的机制一方面在于土地作为经济活动的空间载体，具有"准入许可"的性质，政府通过严格控制土地供给，可以直接限制本地的企业数量，另一方面在于政府通过控制土地的供给，推动了土地价格的上升，从而带动其他要素价格的上涨，例如，研究表明偏向中西部的土地供给推高了东部地区的劳动力成本（陆铭等，2015），也有研究表明土地供给的限制是房价上涨的原因（Ihlanfeldt，2007；邵新建等，2012），土地供给的增加可以降低房地产价格（张清源等，2018），要素价格的上涨利用市场作用推动了产业的空间转移。

**二 财政政策工具**

除了中央政府可以将土地供给作为空间政策工具，地方政府也可以将土地供给作为地方政府的财政政策工具。一方面，现行的体制给了地方政府将土地供给作为财政政策工具的动力，首先在当前的财税体制下，地方政府面临着巨大的财政压力，一般预算收入往往仅能维持政府和相关行政事业单位的基本运转（雷潇雨、龚六堂，2014），但是在基础设施建设和社会公共支出上存在很大的缺口，例如2016年我国地级及以上城市中只有苏州和无锡的财政预算收入高于财政预算支出，这迫使地方政府寻找另外的财政来源（卢洪友等，2011；孙秀林、周飞舟，2013）；其次，在我国M形的政治组织体系中（钱颖一等，1993），地方官员有"锦标赛"竞争的内在动力，并且由于过去很长时间内官员的考核体制主要以GDP作为衡量指标，所以地方政府有动力寻求足够的资金来推动经济的增长。另一方面，地方政府也具备控制出让土地价格的能力，在中央政府的用地指标约束范围内，地方政府控制着当地土地的供给，并且土地出让金归地方政府所有。所以，土地供给成了地方政府重要的财政政策工具，政府主导的土地出让支撑了我国过去30余年的产业发展、基础设施建设和城镇化支出（Yew，2012）。

地方政府以土地供给作为财政政策工具最典型的做法就是所谓的"土地财政"。由于中国城乡土地的二元制，农村集体用地只有转变为国有建设用地才能进行开发建设，所以一方面地方政府可以较低价格征收农业用地，平整开发后作为国有建设用地以较高价格出让，从而获得丰厚的土地出让收入（Kung and Chen，2016；Ping，2011；Zhan，2013）。特别是"招拍挂"改革以来，经营性用地需求端的市场化使土地价格急剧上涨，因此，地方政府的土地出让收入也快速增加，2015年中国各省份土地出让价款占财政一般预算收入的比重高达37.6%，成了预算外收入的重要组成部分（郭艳茹，2008；雷潇雨、龚六堂，2014）。另一方面地方政府以土地供给作为财政政策工具也体现在"以地融资"上，"以地融资"是指地方政府以储备的土地出让金作为抵押品，在金融市场上进行融资。土地出让金是地方政府还债的重要保障，其提高了地方政府举债融资的意愿，同时也提升了银行、券商等金融机构的信心，使其乐于向地方政府提供资金（范剑勇、莫家伟，2014；周飞舟，2007）。近年来，地方政府以土地出让金作为抵押，发行城投债等地方债务十分普遍（张莉等，2018），2013年《全国政府性债务审计结果》显示，地方政府承诺以土地出让金偿还的债务占37.23%。

土地供给作为财政政策工具在地方经济的发展中起到了重要作用。第一，以土地供给作为财政政策工具弥补了地方政府财政的缺口，为地方政府进行城镇化提供了资金保障，承担了近年来高速城镇化的成本。研究认为，土地出让金和以土地为抵押的融资为中国城市基础建设提供了资金来源（郑思齐等，2014），例如，沿海几个地区基础设施建设投资中源于土地的占总数的90%（刘守英、蒋省三，2005）。也有研究发现当土地出让金增加时，地方政府用于基础设施建设的支出也会增加（张莉等，2018），这从另一个侧面印证了土地供给作为财政政策工具在城市建设中的作用。而且，土地财政与城市建设之间存在循环累积的因果效应，基础设施建设可以改善城市环境，进一步提升城市的土地价格，从而使地方政府可以获得更多的土地出让收入（郑思齐等，2014）。第二，土地供给作为财政政策工具也可以对工业化起到促进作用。基于土地获得的资金既可以为工业企业的进入构建良好的基础设施环境，也可以为政府补贴企业提供资金支撑，使政府有更好的条件进行招商引资，推动区域的工业化发展（刘守英，2012；陶然等，2009）。

### 三 产业政策工具

正如上文所述，地方政府有强烈的加快本地经济发展的动机，"土地财政"一部分的功能就是为地方的产业发展提供支撑，所以土地供给也一直被用作产业政策的工具。事实上，在改革开放的早期，低廉的地价一直是地方政府吸引企业投资的重要条件（Tian，2015），对工业企业而言，低廉的地价不仅可以降低企业入驻的建设成本，而且在经营过程中可以以较高的价格抵押土地，从而进行融资，甚至在项目结束后还可以以高于成本的价格进行转让，获得土地使用权转让收入（黄健柏等，2015）。因此，低廉的地价对企业投资有很大的吸引力，地方政府也积极利用土地供给作为政策工具引资，有学者将其概括为"土地引资"假说（张莉等，2011），并且认为以"土地引资"是政府建设各种工业园区，低价出让土地的主要原因（杨其静等，2014；张莉等，2013）。研究表明，低廉的工业用地价格对企业起到了补贴效应（耿强等，2011；江飞涛、曹建海，2009），土地供给作为产业政策工具对地区工业增长起到了推动作用（范剑勇、莫家伟，2014）。

土地供给作为产业政策工具还体现在政府可以利用土地影响区域的产业结构。由于制造业可以为地方提供持续的税收收入，对地方经济有很强的带动作用，而商业、住宅对经济的带动能力相对较弱，因此长期以来采取了一种压低工业用地地价，提高商业用地和住宅用地的出让价格的做法（Tao et al.，2010）。例如，2016年我国商业用地地价为6937元/平方米，而工业用地地价仅为782元/平方米。这种供地策略一方面造成了制造业的超常发展，使中国成了低端制造业的中心（陶然、汪晖，2010），另一方面却抑制了服务业的发展（李勇刚、罗海艳，2017）。地方政府利用土地影响当地的产业结构还可以通过对企业的选择来实现，如上文所述，土地本身就具有准入许可的性质，地方政府通常会设计特定的程序来实现在土地供给中对企业的选择，例如，首先地方政府对土地使用权出让进行公告，企业进行投资的申请，然后经过地方政府的层层审批、登记进入出让的流程，再通过"招拍挂"或者协议的方式实现土地的出让，最后签署土地出让协议，企业开工建设（杨其静等，2014）。在这个流程中，地方政府可以通过层层审批将土地供给给特定行业的企业，从而调整当地的产业结构。

另外，政府可以通过土地供给作为产业政策工具来推动产业升级。正如上文所述，2003年以后中央逐渐缩紧了东部沿海地区的土地供给，这倒逼东部地区的产业进行升级与转型。一方面，由于土地供给受到限制，东部地区的地方政府有更大的激励将有限的土地资源配置给高端产业，因而对入驻的企业进行选择，从而推动区域的产业升级。另一方面，市场机制也可以在此过程中发挥作用。例如，有限的建设用地指标加之偏向于工业的土地供给，推高了地方商业用地和住宅用地的价格，这又进一步转嫁为企业和居民的经营、生活成本，研究表明成本的上升对低端产业的排斥作用更大（邵朝对等，2016），因此可以促进产业由低端向高端的演变。

## 第三节　土地供给作为政策工具的经济成本研究

土地供给作为政策工具的积极运用为中国经济高速发展提供了强大助力，但是和大多数政策工具一样，利用土地供给调控经济也存在一些潜在的成本。这些潜在的成本引发了土地价格上涨、地方政府债务高企、资源利用效率下降和产业结构失衡等问题，其中有些问题甚至成为困扰中国经济进一步发展的核心问题。

第一，土地的价格问题。中央政府为了平衡区域经济空间格局，对东部地区土地供给实施了严格的限制，地方政府为了获取高额的土地出让金，有强烈的推高地价的激励。在这些因素的作用下，中国建设用地出让价格出现了急剧攀升。2003年中国建设用地出让平均价格为280万元/公顷，而到了2016年价格上涨到1721万元/公顷，年均涨幅高达39.6%。土地价格上涨引发了一系列恶果，比如，土地价格的上涨推高了企业的成本，并且推动了房地产价格的上涨，而且吸引资金更多地流入房地产领域，为实体产业的融资带来了困难（Chen et al., 2017；Song and Xiong, 2018）。同时，土地价格上涨伴随的房地产价格上涨还带来了很强的分配效应，不仅加大了居民的消费压力，而且促使收入差距进一步扩大。

第二，地方政府债务问题。土地融资可以使地方政府较容易地得到大量的资金，而且由于官员更注重自己任期内的政绩，会倾向于追求短期内的经济增长，因此地方官员有强烈的动机在自己任期内大量发债，将还债的问题留给继任者解决（罗党论、佘国满，2015），这些因素导致了地方政府债务的飙升（杨继东等，2018）。2008—2015年我国债务总额年均增长20%，2015年年底超过了20万亿美元，债务率在2018年大约为1.2，但是在2015年已高达2.1（Song and Xiong, 2018）。大量的债务不仅挤出了制造业的投资（Bleck and Liu, 2018），而且通过金融市场、土地市场等渠道向企业部门和居民部门传导，这提高了经济运行的系统性风险，并且土地财政和政府债务等问题相互交织，进一步提升了管控风险的复杂程度（何杨、满燕云，2012）。

第三，资源配置效率问题。比如，地方政府以低廉的土地价格作为吸引产业发展的工具，这引发了土地利用效率低的问题。早期工业开发区的大规模兴建导致了大量的土地浪费，2003年全国开发区规划面积达到3.86万平方千米，而经过国土资源部的清理整顿后2006年开发区面积减少为不足1万平方千米，压缩比例达到74.2%（雷潇雨、龚六堂，2014）。另外，中央政府以土地供给作为空间政策工具也可能造成效率损失，因为东部地区的土地利用效率往往高于中西部地区，因此控制东部地区土地供给，增加中西部地区的土地供给会使整体的土地利用效率下降。研究发现，放松对东部地区的土地控制可以提升经济效率（邵挺等，2011），而偏向中西部的土地供给效率较低（陆铭、陈钊，2009）。

第四，产业结构失衡问题。一是地方政府为了本地产业发展，低价出让工业用地会导致工业的过度投资，廉价的土地对企业产生了补贴效应，扭曲了企业的投资成本，引发了企业过度投资的问题，使有些不具备生产条件的企业进入市场，这不仅降低了生产效率，也导致了产能过剩的问题（刘志彪，2010；黄健柏等，2015）。二是政府一方面压低工业用地价格，另一方面提高商业和住宅用地的价格的做法不仅推高了房价，而且提高了经济体系运行的成本，成为中国经济脱实向虚的重要推手（郭志勇、顾乃华，2013），近年来土地价格上涨降低了工业增长速度（中国经济增长前沿课题组等，2011）。另外，政府利用土地供给作为产业政策工具，可能会提高产业结构的刚性，降低城市的产业多样化程度（邵朝对等，2016）。

综上所述，根据现有研究，土地供给作为政策工具的概念图如图2-1所示。

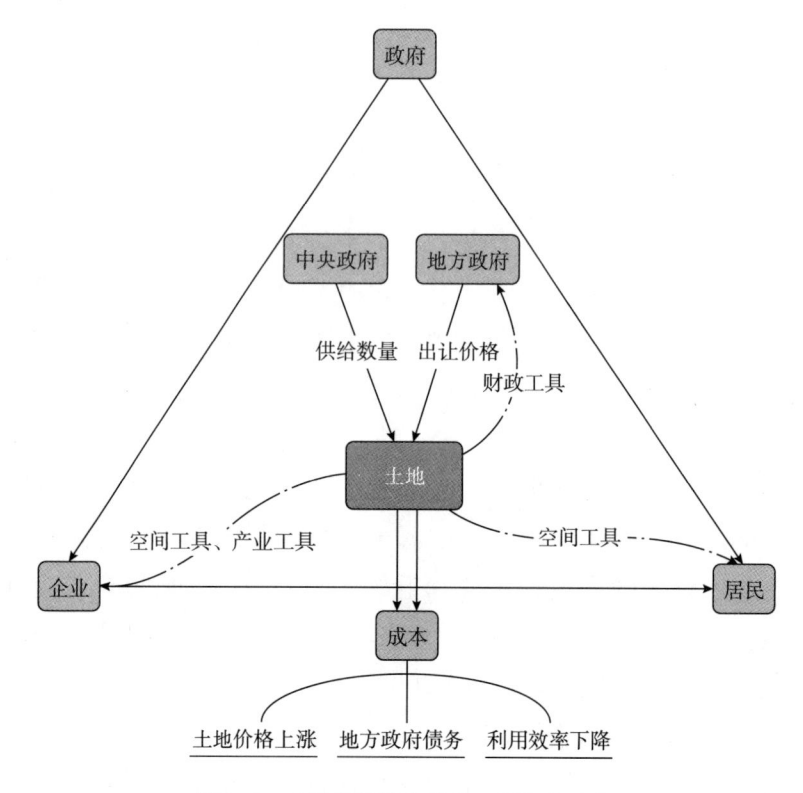

图 2-1　土地供给作为政策工具概念示意

## 第四节　总结性评述

自改革开放以来，土地对中国的经济腾飞发挥了重要的作用，在当前中国经济步入新常态，经济由高速增长转向高质量发展的关键阶段，积极合理地利用土地供给作为政策工具，是实现经济发展质量变革、效率提升和动力转化的有效途径。现有丰富的研究从土地供给作为一种政策工具的视角，对土地供给作为政策工具的制度背景和在中国的实践及其导致的后果进行了探讨。土地供给作为政策工具对中国经济发展的影响主要体现在以下几个方面：第一，土地供给为中国区域发展战略的实施提供了有力抓手，土地是经济活动的空间载体，中央政府可以通过调控土地资源的配置，推动区域协调发展战略等空间战略的实施。第二，地方政府以土地供给为抓手，通过"土地财政""土地融资"等途径，获得了大量的资金，为中国快速的城镇化、大规模的基础设施建设和高速的经济增长提供了支撑。第三，土地供给作为产业政策工具，在政府招商引资、调整产业结构和推动产业升级等方面也起到了重要作用。

同时，虽然目前针对土地问题的研究非常丰富，但是从土地供给角度出发，系统地分析其对区域产业发展影响的研究还较少，特别是现有研究很少能从一个一致的逻辑框架出发，详细地分析土地供给对区域产业发展的影响机制。另外，现有关于土地供给的研究往往存在较强的内生性问题，其大多利用土地出让数据，代表的是供给和需求共同作用下的均衡结果，因此也会造成联立方程的偏误，进而对估计的准确性带来威胁。综上，土地供给对区域发展这一领域还有许多问题值得探索，特别是针对当前中国存在的制造业投资率下降、产业结构服务化等问题，土地供给在其中也发挥着重要作用，值得进一步深入探讨。

# 第 三 章

# 制度背景、特征性事实与理论框架

明确制度背景和特征性事实是进行经验研究的基础和出发点，本章对新中国成立以来，建设用地管理制度和政策进行了梳理，对现阶段建设用地供给的数量和结构特征进行了分析，并在此基础上提出了全书的理论分析框架。

## 第一节 建设用地管理制度的演变

建设用地管理制度是国家土地管理制度的重要组成部分，制度演变受到国家总体发展方针与战略的影响，同时土地制度也为国家的总体发展起到了坚实的支撑作用。新中国成立以来，建设用地管理制度和政策经历了翻天覆地的变化。具体而言，其演变经历了明确国家所有的土地所有权制度、确立国有土地使用权有偿出让制度、建立现代建设用地管理制度和新时代土地管理制度改革四个阶段。

### 一 1949—1977 年：明确国家所有的土地所有权制度

新中国成立后，国家百废待兴，土地问题成为实现新中国稳定与发展的首要问题之一，而解决土地问题的核心则是明确土地的所有权问题。在农村地区，经过土地改革运动，农村实现了集体土地所有制；而在城市地区，经过一系列的政策演变，城市地区土地的所有权实现了全面的国有化。

新中国成立伊始，根据《中国人民政治协商会议共同纲领》和《中华人民共和国土地改革法》①，新中国政府继受了旧中国的国有土地，并且没收了帝国主义、官僚资本主义等在城市中的土地，实现了城市部分土地的国有化。在城市郊区，政府根据《城市郊区土地改革条例》②，征用了城市郊区的部分土地，使城市郊区部分土地的所有权转为国有（姜爱林，2003）。城市土地国有化进程在社会主义改造过程中进一步得到深化。一方面，国家出台了《国家建设征用土地办法》③，明确了国家征用土地，将土地收归国有的法律基础。另一方面，在社会主义改造过程中，政府采取了支付定息等方式，使位于城市的私有土地和房地产的土地所有权转变为国有，同时国家也对私人占用的城市空地、街基等地产实施了国有化。因此，在1956年社会主义改造结束之后，除了少数城市居民的宅基地，城市中绝大多数土地的所有权收归国家所有。

在"文化大革命"时期，城市土地实现了完全的国有化。1967年发布的《关于城镇土地国有化请示提纲的记录》明确指出，"街基等地产应包括在城镇上建有房屋的私有宅基地"，因此，私有宅基地的所有权也收归国家所有，至此实现了事实上的城市土地所有权的国有化。这一事实在"文化大革命"结束后，1982年颁布的《中华人民共和国宪法》④ 中得到了法律上的确认。

综上所述，在新中国成立初期至改革开放前这一阶段中，城市

---

① 《中国人民政治协商会议共同纲领》明确表明"中华人民共和国必须取消帝国主义国家在中国的一切特权，没收官僚资本归人民的国家所有，有步骤地将封建半封建的土地所有制改变为农民的土地所有制"。《中华人民共和国土地改革法》明确表明"分配土地时，县以上人民政府得根据当地土地情况，酌量划出一部分土地收归国有"。

② 《城市郊区土地改革条例》要求"城市郊区所有没收和征收得来的农业土地，一律归国家所有"。

③ 《国家建设征用土地办法》明确"已经征用的土地，所有权属于国家"。

④ 《中华人民共和国宪法》明确表明"城市的土地属于国家所有"。

土地的制度建设主要实现了土地所有权的国有化，这不仅决定了新中国极具特色的土地制度的形成，也为改革开放后我国各级政府积极利用建设用地作为调控宏观经济、发展区域经济的政策工具打下了坚实的制度基础。

### 二　1978—1997年：确立国有土地使用权有偿出让制度

1978年以来，中国实施了改革开放的伟大战略，经济社会发展迈入了一个新的纪元。随着经济社会的发展，国有土地管理制度也发生了巨大的变化，在这一时期国有建设用地管理制度的重点是使用权有偿出让制度的确立。

改革开放以前，建设用地一直是采用无偿使用的模式，改革开放后，各级政府积极进行制度创新，逐渐打破了这一计划经济下的用地模式。1979年颁布的《中华人民共和国中外合资经营企业法》[①]为国有建设用地的有偿使用开启了先河，其规定合营企业可以向中国政府缴纳使用费，从而使用国有建设用地。这个政策打破了一直以来建设用地无偿划拨的使用模式，此后国有建设用地管理制度在有偿出让的方向上不断探索。

1986年，中国颁布了《中华人民共和国土地管理法》（以下简称《土地管理法》），明确规定，"国家依法实行国有土地有偿使用制度"。同时，中央政府也批准地方政府开展城市土地使用制度改革的试点，1987年9月8日，深圳首次以协商议标的形式有偿出让土地使用权，接着又以招标和拍卖方式出让了两块国有土地的使用权，标志着国有建设用地使用权有偿使用的制度雏形开始形成。1988年，建设用地有偿使用的政策在全国范围内推行，并在同年修订的《中华人民共和国宪法》中规定，"土地使用权可以依照法律的规定

---

① 《中华人民共和国中外合资经营企业法》要求"中国合营者的投资可包括为合营企业经营期间提供的场地使用权。如果场地使用权未作为中国合营者投资的一部分，合营企业应向中国政府缴纳使用费"。

转让",进一步明确了国有土地所有权和使用权分离,为土地所有权归国家所有、使用权可以依法有偿出让提供了法律依据。之后,1990年国家又出台了《城镇国有土地使用权出让和转让暂行条例》[①]等法规,规定国有土地使用权可以通过协议、招标和拍卖三种方式出让,并对土地使用权流转和划拨等方面做出了更加详细的规定。

国有土地所有权和使用权的分离以及建设用地有偿使用制度的确立,打破了计划体制内的资源配置方式,极大地激发了经济的活力。然而,随着经济的飞速发展,这种土地管理制度也出现了一些弊端,其中最为突出的就是工业用地的大规模扩张,以及随之而来的耕地规模迅速减少。用地制度改革释放的活力使建设用地需求快速增加,同时由于缺乏对工业用地利用效率的有效管制,因此工业用地无效扩张,占用了大量耕地(杨璐璐,2014)。

另一个突出问题就是土地供给方式的不规范。在这个阶段中,大量土地是以协议的方式出让的,这种出让方式的透明度较低,一方面,压低了土地出让价格,给投机商提供了利用土地套利的空间;另一方面,也提供了更多的"寻租"空间,滋生了腐败问题。而且,由于地方政府之间"锦标赛"式的竞争关系,地方政府具有"底线竞争"的激励,纷纷通过压低地价的方式吸引投资,甚至出现了零地价、负地价的现象,这不仅扩大了土地价格的扭曲,也加剧了建设用地的低效扩张。为了缓解这些问题,国家出台了《基本农田保护条例》《协议出让国有土地使用权最低价确定办法》等法规,制定了《全国土地利用总体规划纲要》,并提出全面修订《土地管理法》等举措,建立现代的建设用地管理制度势在必行。

### 三 1998—2012年:建立现代建设用地管理制度

为了解决上述建设用地低价无序扩张问题,自1998年起,我国

---

[①] 《城镇国有土地使用权出让和转让暂行条例》明确表示"土地使用权出让可以采取下列方式:(一)协议;(二)招标;(三)拍卖"。

逐步探索完善建设用地的管理制度。1998年修订的《土地管理法》确立了土地用途管制的制度，建立了现代土地管理制度的初步框架。其明确规定，"国家编制土地利用总体规划，规定土地用途，将土地分为农用地、建设用地和未利用地。严格限制农用地转为建设用地，控制建设用地总量，对耕地实行特殊保护"。同时，《土地管理法》又明确规定，"国家实行占用耕地补偿制度"，通过数量管制的方式限制建设用地扩张。1999年国土资源部明确提出"占补平衡"的概念，即如果建设用地要占用耕地，则必须补充同样数量和质量的耕地，以保证耕地的动态平衡（刘守英，2008）。对于工业用地价格的"底线竞争"问题，国土资源部发布了《关于进一步推行招标拍卖出让国有土地使用权的通知》，规定了划拨和协议出让土地的范围及最低价格，对国有土地的低价出让做出了一定限制。

21世纪初期，随着亚洲金融危机后的经济复苏，中国各地投资需求激增，而与之相伴的就是建设用地的浪费。在此背景下，国家一方面出台政策限制土地的供给和投资过热，比如国务院先后出台《关于在深入开展土地市场治理整顿期间严格建设用地审批管理的实施意见》《关于清理整顿各类开发区加强建设用地管理的通知》《关于加大工作力度进一步治理整顿土地市场秩序的紧急通知》等文件，规范开发区的土地供给，并对违反国家规定的开发区进行了清理。另一方面，也出台了《协议出让国有土地使用权规定》《关于实施〈全国工业用地出让最低价标准〉的通知》等法规，对出让土地的最低价进行限制。

然而，建设用地低价出让和无序扩张问题的根源在于非市场化的资源配置方式。以行政主导的协议出让为主体的资源配置，加之地区之间招商引资的竞争是国有土地低价出让的直接原因。因此，进入21世纪后土地资源配置的市场化改革成为建设用地制度改革的主旋律（吴九兴，2010）。

建设用地配置市场化改革的一个关键举措就是土地出让方式的"招拍挂"改革。早在2000年国土资源部就下发了《关于建立土地有形市场促进土地使用权规范交易的通知》，开始了土地出让市场化的进程，2001年，国务院发布《关于加强国有土地资产管理的通知》，进一步明确了土地市场机制，规定土地要以"招拍挂"的方式进行供给。2002年，国土资源部发布《招标拍卖挂牌出让国有土地使用权规定》，要求全国经营性用地要以"招拍挂"的方式出让。2006年，国务院发布《国务院关于加强土地调控有关问题的通知》，进一步要求工业用地也要以"招牌挂"的方式出让。同时，中央政府又采取措施推动市场化改革的落实。国土资源部也联合监察部陆续发布《关于继续开展经营性土地使用权招标拍卖挂牌出让情况执法监察工作的通知》《关于落实工业用地招标拍卖挂牌出让制度有关问题的通知》等文件，严格落实建设用地出让方式的市场化改革。而且，市场化的出让方式可以使地方政府获取更加丰厚的土地出让金，扩大了地方政府的财政收入。因此，建设用地的"招拍挂"出让制度得到了各地地方政府的积极响应，中国现代建设用地管理制度基本形成。

在现代建设用地管理制度基本建成后，中国出台的建设用地相关的政策主要围绕发展和调控两个主题展开。首先，发展问题主要是关注经济发展所需要的建设用地供给问题。一方面，国家实行最严格的耕地保护制度，在建设用地供给方面，实施用途和数量的双重管制。这体现为落实《全国土地利用总体规划纲要》和《土地管理法》，严格限制耕地转化为建设用地，实施耕地的"占补平衡"。在此基础上，国务院发布了《关于加强土地调控有关问题的通知》和《土地利用年度计划管理办法》，对每年各地方可以使用的建设用地总量（包括新增建设用地）的指标作出明确的规定，在用途和数量两个维度进行管制（谭明智，2014）。另一方面，国家也积极进行制度创新，努力保证发展所需的建设用地供给。保证供给的第一个途径是"开源"，增加建设用地的来源。国家先后出台了《国务院关于深化改革严格土地管理的决定》《低丘缓坡荒滩等未利用土地开发利用试点工作指导意见》和《关于开展工矿废弃地复垦利用试点工作的通知》等文件，通过实施"增减挂钩"、低丘缓坡开发、工矿废弃地复垦等手段，在保护耕地的同时增加建设用地的供给。第二个途径是"节流"，提高建设用地的利用效率。国家先后出台《闲置土地处置办法》《关于发布和实施〈工业项目建设用地控制指标〉的通知》《关于大力推进节约集约用地制度建设的意见》《关于严格执行土地使用标准大力促进节约集约用地的通知》等文件，明确了建设用地的建设标准，规定了闲置土地的处置利用办法，建立了节约集约用地的制度体系，努力提高建设用地的利用效率（高魏等，2013）。

其次，现代土地制度建立后，政府可以把土地供给作为政策工具，对经济发展进行调控（梁东等，2018）。2003年，土地供给首次被纳入政府宏观调控的工具包，例如，为了应对投资过热的问题，国土资源部发布《关于清理各类园区用地加强土地供应调控的紧急通知》，限制土地供给成为抑制过度投资、经济过热的有效抓手。另外，土地供给作为政策工具也广泛运用在房地产领域的调控之中，例如，2005年国家出台《关于切实稳定住房价格的通知》和《加强房地产市场引导和调控的八条措施》等文件，试图通过对供地结构的调整，控制房价过快上涨。此外，土地供给作为政策工具也广泛地运用在产业的调控之中，例如，国土资源部和国家发展改革委共同制定《限制用地项目目录》和《禁止用地项目目录》，通过控制不同产业的土地供给，推动产业结构的优化发展。

### 四 2012年至今：新时代土地管理制度改革

进入新时代，中国建设用地管理制度进一步优化，其主要体现在市场化改革不断深入、集约化利用程度不断提高和土地管理理念不断优化几个方面。

第一，新时代土地配置市场化改革不断深入。《中共中央关于全面深化改革若干重大问题的决定》明确提出，"要建立公平开放透明的市场规则，完善主要由市场决定价格的机制，建立城乡统一的建设用地市场"。其中，建立城乡统一的建设用地市场具有重大的制度意义，长久以来城乡土地由于所有权性质的差异，出现了诸如"同地不同价、同地不同权"的问题，探索建立城乡统一的建设用地市场是打破土地管理二元模式的重要举措，会极大地提升土地资源的配置效率。2015年，集体经营性建设用地入市试点工作已经在北京市大兴区等地展开。2020年4月，中共中央、国务院印发《关于构建更加完善的要素市场化配置体制机制的意见》，明确指出，要"推进土地要素市场化配置"，标志着在新时代土地资源配置市场化改革必将不断深入。

第二，新时代土地资源的集约化利用程度不断提高。2012年，国土资源部下发《关于严格执行土地使用标准，大力促进节约集约用地的通知》，整合了以往的建设用地集约利用规定，对土地的使用标准进行了更加细致的规定。2013年，国土资源部下发《开展城镇低效用地再开发试点指导意见》，对城镇低效用地的再利用进行探索，着力提高城镇土地的利用效率。2014年，国土资源部进一步颁布《节约集约利用土地规定》，对节约集约利用土地的新方法进行探索。因此，土地集约化利用将是未来发展的重要趋势，提升土地集约化程度不仅是应对经济发展与资源环境矛盾的重要举措，也将影响到地方政府发展导向的抉择，因此其会产生深远的影响。

第三，新时代土地管理理念不断优化。土地管理理念的优化一方面体现在指标设定的精细化方面。2016年下发的《全国土地利用总体规划纲要（2006—2020年）调整方案》，对原有的建设用地指标进行了大幅度的调整，同时优化了指标设置。其在设置约束性指标的同时，也设定了预期性指标，通过丰富约束性指标，更好地约束地方政府土地供给行为。土地管理理念的优化另一方面体现在审批权的下放。2020年，国务院颁发《关于授权和委托用地审批权的决定》，将原属国务院的部分用地审批权下放到省级政府行使。土地管理理念的优化还体现在土地利用更加以人为本，例如国土资源部出台《关于建立城镇建设用地增加规模同吸纳农业转移人口落户数量挂钩机制的实施意见》，以"人地挂钩"的管理理念供给建设用地，强调土地资源配置与人口、经济活动空间分布相协调，更加优化土地资源的空间配置。

**五　建设用地管理制度的演变逻辑**

建设用地管理制度体系的形成是根植于中国特色社会主义的根本制度的，建设用地管理制度的演变也与国家发展相适应。中国实行中国特色社会主义制度，其国家职能、国家目标和国家治理结构等均与西方国家存在较大差别，它们决定了建设用地制度演变的基本逻辑。具体而言，中国国家功能的生产属性决定了建设用地所有权和使用权"两权分离"的制度形成，国家目标的多元性和动态性驱动着建设用地管理制度的改革与完善，建设用地管理制度演变在中央和地方的互动过程中得以实现。

第一，国家功能的生产属性决定了建设用地所有权和使用权的演变逻辑。除了西方学者普遍认为的稳定功能、收入分配、宏观调控等国家功能，中国的国家功能还具有明显的生产属性。新中国成立以来，国家积极主动地引导和推动生产力发展，从1953年起，便开始实施五年计划（"十二五"后改为五年规划），体现出了国家对其生产功能的重视。改革开放以来，中国转向以经济建设为中心，采取了一系列解放和发展生产力的举措，国家的生产功能受到了更大的重视。

建设用地所有权和使用权的演变是国家功能的生产属性的良好体现。土地是重要的生产要素，无论是对第一产业还是对第二产业、第三产业的发展均具有重要的作用。在新中国成立初期，国家决定实行以公有制为基础的生产组织形式，土地作为生产资料也随着国家经济改造实现了公有化。而且，因为城市和农村在国有经济和集体经济属性上的差异，土地所有权制度也形成了城市土地归国家所有、农村土地归集体所有的二元结构。因此，城市土地所有权归国家所有制度的建立，是当时公有制国家生产组织形式的反映。

改革开放后，为了进一步解放和发展生产力，鼓励多种所有制企业共同发展，中国创造性地实施了建设用地的"两权分离"制度。这一方面可以确保包括民营企业、外资企业在内的各类企业获得建设用地的使用权，激发各类企业的经济活力；另一方面也赋予了政府更灵活的组织生产的能力，其既可以用建设用地作为政策工具吸引投资，也可以利用土地出让金为地方发展提供资金。因此，"两权分离"的建设用地管理制度可以更好地发挥国家生产功能。综上所述，国家功能的生产属性驱动着建设用地所有权和使用权的制度的演变。

第二，国家目标的多元性和动态性决定了建设用地管理制度的演变方向。在中国，中国共产党作为中国的执政党，其初心和使命是"为中国人民谋幸福，为中华民族谋复兴"。因此，在中国共产党领导下的国家发展目标也不仅是实现单一的经济增长，更不是"国家掠夺论"所述的使权力集团的收益最大化，而是实现中国全面的发展与振兴，中国的国家目标具有多元性。同时，国家的发展目标也在不断与时俱进，具有动态性。例如，改革开放初期，中国的主要矛盾是解决人民日益增长的物质文化需要同落后的社会生产之间的矛盾，那么国家目标也就集中在以经济建设为中心，解决物资匮乏、人民生活水平较低的问题。随着经济社会的发展，中国社会的主要矛盾已经转化为人民日益增长的美好生活需要和不平衡不充分的发展之间的矛盾，国家的发展目标也从单纯追求经济的高速发展转向更均衡、更绿色的高质量发展。

中国建设用地管理制度的变化也服务于国家发展目标的转变。在改革开放初期，中国的核心发展目标是实现快速的经济发展，实现"三步走"的经济发展目标。所以，土地的计划管理方式比较简单粗犷，以"两权分离"为基础，通过允许建设用地的低价出让实现"以地引资"，从而激发经济发展活力。随着经济的发展，中国经济的发展目标不仅仅是粗放的经济发展，而是要求实现全面协调可持续的发展。土地的管理目标也更加多元，不仅要严格保护耕地，也要追求建设用地集约化利用，因此逐步建立起了现代建设用地管理制度。在21世纪新阶段，经济和社会发展的战略目标是实现第二个百年奋斗目标，经济发展也要求实现高质量发展。因此，建设用地的管理模式也通过提升市场化配置、加强集约化利用、优化管理理念等途径，促使建设用地的管理模式与国家目标相适应。

第三，国家治理的多层次性决定了建设用地管理制度演变的实现机制。多层次的组织架构是中国国家治理结构的典型特征，中央和地方不同层级之间的互动驱动着制度的动态演变。不同于联邦制国家依靠契约关系维系的央地关系，中国在党的领导下，各级地方政府会坚决贯彻落实中央的路线、方针和政策。同时，中央政府也会给地方政府留有灵活施政的空间，允许地方政府进行探索和创新，充分激发地方政府进行制度创新的动力。在这个治理结构下，中央政府会根据总体战略目标进行制度的顶层设计，接下来地方政府会在执行中央政策的同时进行制度创新，进而中央会再根据地方执行中产生的问题以及新的战略目标进行制度优化。上述多层政府间的互动推动了制度演变的实现。

建设用地管理制度的演变也是在多层政府互动的作用下实现的。以现代建设用地管理制度的建立过程为例，改革开放后，中央政府为了促进经济发展，设计了建设用地"两权分离"的制度；随后，地方政府充分利用土地使用权可以有偿出让这一制度优势，以低价出让建设用地的方式来招商引资，从而实现地区经济的腾飞；然而，地方政府"以地引资的"行为带来了耕地大量占用、土地出让不规范等问题；因此，中央政府为了解决上述问题，采取了新增建设用地的指标限制、土地出让市场化改革等制度创新，逐步探索建立了现代建设用地管理制度。综上所述，现代建设用地管理制度是在不同层级政府的互动和反馈中实现的，多层次的国家治理结构是建设用地管理制度演变的实现机制。

## 第二节 特征性事实

在中国经济高速发展的进程中，独特的土地制度发挥着重要的作用。依托于建设用地所有权归国家所有、使用权可有偿出让的制度设计，建设用地成为政府促进经济发展的有力抓手。在当前建设用地管理方式改革的关键时期，明确中国建设用地供应时空演变的特征性事实，探究其内在规律，可以为政策制定提供依据，具有较强的现实意义。

### 一 数据与方法

（一）数据来源与处理

利用建设用地供应的微观数据可以准确地刻画出其空间分布的细节，因此，本章从中国土地市场网上爬取了 2007—2018 年供应的所有建设用地信息，包括其所在的行政区、宗地坐落等位置信息，以及土地面积、土地出让金、所属行业等地块信息，共收集到 2069305 条原始数据。借助 GPSspg XGeocoding 软件，本章通过供应地块的行政区、宗地坐落等位置信息，识别出地块的经纬度，从而构建出一个包含空间坐标的建设用地供应微观数据库。

本章进一步按照相关研究的方法对数据库进行了清洗（杨继东，2018）。首先，根据土地的电子编码和位置信息，删除了 7839 条重复的样本；其次，本章剔除了明显的异常值样本并删除了出让金额超过 255 亿元、非经营性用地超过 10 亿元、面积超过 500 平方千米的样本 3777 条。本章最终得到可用样本 2057509 条，并利用 ArcGIS 10.2 软件将地块的经纬度信息转化为点数据，方便下文进行空间统计分析。样本的描述性统计如表 3-1 所示。

表 3-1　　　　　　　　　　　　　样本描述性统计

| 年份 | 样本量 全国 | 东部 | 东北 | 中部 | 西部 | 区域建设用地供应面积均值（平方千米） 全国 | 东部 | 东北 | 中部 | 西部 |
|---|---|---|---|---|---|---|---|---|---|---|
| 2007 | 139222 | 41691 | 15845 | 39289 | 42397 | 1.98 | 2.84 | 1.89 | 1.84 | 1.30 |
| 2008 | 115789 | 34083 | 12527 | 34309 | 34870 | 2.12 | 2.98 | 2.13 | 1.76 | 1.64 |
| 2009 | 138467 | 48524 | 11624 | 30528 | 47791 | 2.21 | 2.75 | 2.67 | 2.14 | 1.58 |
| 2010 | 178972 | 65203 | 16564 | 39096 | 58109 | 2.48 | 2.81 | 2.95 | 2.51 | 1.96 |
| 2011 | 202591 | 67438 | 20098 | 48766 | 66289 | 2.81 | 3.02 | 3.62 | 2.79 | 2.36 |
| 2012 | 194970 | 64995 | 14859 | 52538 | 62578 | 3.02 | 2.95 | 3.18 | 2.82 | 3.21 |
| 2013 | 227505 | 80493 | 17162 | 61017 | 68833 | 2.83 | 2.79 | 3.00 | 2.85 | 2.81 |
| 2014 | 184106 | 63900 | 13095 | 48052 | 59059 | 2.83 | 2.72 | 2.77 | 2.79 | 3.00 |
| 2015 | 164008 | 57030 | 11043 | 44354 | 51581 | 2.81 | 2.71 | 2.80 | 2.60 | 3.09 |
| 2016 | 151990 | 55473 | 10813 | 40491 | 45213 | 2.77 | 2.81 | 2.20 | 2.70 | 2.91 |
| 2017 | 165745 | 62441 | 10914 | 45351 | 47039 | 2.81 | 2.80 | 2.57 | 2.73 | 2.96 |
| 2018 | 194144 | 75695 | 12091 | 56806 | 49552 | 2.63 | 2.27 | 2.21 | 2.74 | 3.13 |

资料来源：中国土地市场网。

（二）测算方法

1. 核密度估计

核密度估计法认为，在不同的空间位置上地理事件的发生概率不同，点越密集，说明地理事件在该区域发生的概率越高；反之则越低。利用 ArcGIS 10.2 空间分析中的核密度分析工具，本章得到了每个输出栅格像元周围点要素的密度，即中国建设用地供应的空间分布密度，从而反映出其空间集聚程度（程乾、凌素培，2013；李伯华等，2015）。在本章的计算中，核密度分析使用圆形邻域，核函数以二次核函数为基础。

2. 标准差椭圆

为了多维度地反映中国建设用地供应空间分布的变动模式，本章利用标准差椭圆的方法计算出建设用地供应的方向分布情况。标准差椭圆最早由 Lefever 提出（Lefever，1926），通过在 X 方向和 Y

方向上的标准差刻画地理要素的空间分布，能够从多方面揭示空间分布的特征（Wong，1999；赵璐、赵作权，2014）。标准差椭圆的长轴方向代表空间分布较多的方向，短轴方向代表分布较少的方向，由长轴和短轴共同确定的椭圆空间范围反映了地理要素在空间分布的主体区域。标准差椭圆的平均中心反映了地理要素空间分布的重心，长短轴差值、方位角、长轴标准差则反映出要素空间分布的方向性、主趋势方向以及主趋势方向上的离散程度。

3. 空间聚类分析

为刻画服务业用地空间聚类情况，本章借助 ArcGIS 10.2 的冷热点分析工具进行分析。冷热点分析通过计算 $G^*$ 统计量，得到 $z$ 得分和 $p$ 值，从而度量高值或低值的聚类程度。

$G^*$ 统计量计算过程如下：

$$G_i^* = \frac{\sum_{j=1}^{n} w_{i,j} x_j - \overline{X} \sum_{j=1}^{n} w_{i,j}}{S \sqrt{\frac{[n \sum_{j=1}^{n} w_{i,j}^2 - (\sum_{j=1}^{n} w_{i,j})^2]}{n-1}}} \tag{3-1}$$

$$\overline{X} = \frac{\sum_{j=1}^{n} x_j}{n} \tag{3-2}$$

$$S = \sqrt{\frac{\sum_{j=1}^{n} x_j^2}{n} - (\overline{X})^2} \tag{3-3}$$

其中，$x_j$ 是要素 $j$ 的属性值，$w_{i,j}$ 是要素 $i$ 和 $j$ 之间的空间权重，$n$ 为要素总数，$G^*$ 统计量就是 $z$ 得分。当 $p$ 值较小时拒绝零假设，认为存在空间集聚。此时，如果 $z$ 得分值为正数，表明地理属性的高值在研究区域中集聚；如果 $z$ 得分值为负数，表明地理属性的低值在研究区域中集聚。因此，通过冷热点分析方法，可以判断研究对象在空间上的集聚态势。

## 二　结果与分析

### （一）当前区域建设用地空间分布特征

中国建设用地供应具有如下特征：首先，区域建设用地供应呈现出依托中心城市的集聚分布状态，并主要集聚在发育比较成熟的城市群中。整体上，区域建设用地供应集中分布在长三角、珠三角等东部沿海地区。另外，在河南、湖北和四川等省份也存在集中的分布。其次，在更小的区域范围内可以发现，区域建设用地供应也呈现出集聚分布的态势，即各省份内部建设用地供应也呈现出明显的"中心—外围"分布。

考虑到每宗土地的面积，上述区域建设用地供应呈现出集聚状态的结论仍然成立，但是中西部核心区域的集聚程度有所增加。这表现在以下几个方面：第一，在河南东部、安徽大部等中部地区也出现了区域建设用地供应的集聚区域，且在空间范围上与江苏、浙江、上海、山东等东部省份相连，共同组成了最大的区域建设用地供应集中区；第二，在西部地区，重庆和成都的土地供给的集中程度也明显增强，成了在西部地区的一个明显的极点；第三，长江中游城市群（武汉城市群、长株潭城市群、环鄱阳湖城市群）的集聚程度也比较突出。另外，各省份内部依旧体现出了明显的集聚状态。

土地出让宗数和面积的核密度分布差异出现的原因在于土地供给集约程度的差异。在《全国土地利用总体规划纲要（2006—2020年）》中明确提出，东部地区要优化整合建设用地，降低年均新增建设用地规模，控制城镇和工业用地外延扩张，积极盘活存量土地，提高土地利用效率。因此，东部地区出让地块的平均面积较小，而中国西部地区土地出让的集约化程度较低，所以，在考虑了地块面积因素后中西部中心城市的集聚程度明显增加。

### （二）建设用地供应时空演变

建设用地供应的时空演变具有如下特征。

首先，建设用地供应的分布呈现出由集聚向分散的变动趋势。

2007 年,各省份供应的建设用地呈现出典型的"中心—外围"分布,大多集中在一个极点周围,沿海地区的建设用地分布集中围绕在京津冀、长三角和珠三角周围。到了 2012 年,建设用地供应的分布逐渐呈现出分散的态势,江浙沪三省份与安徽形成组团发展的态势,同时成渝两地供给的建设用地也逐渐扩散相连。到了 2018 年,成渝两地区域建设用地扩散与融合的态势进一步强化,同时中部的河南、安徽以及江西北部逐渐构成了一个连接江浙沪的整体。总之,2007—2018 年,中国建设用地分布模式由围绕增长极的"中心—外围"分布,逐渐向网络化分布模式转变。

其次,建设用地供应的中心向西部、南部移动,反映了建设用地供应倾向于中西部地区的趋势。建设用地供应的平均中心的经纬度如表 3-2 所示。结果发现,中国建设用地中心基本位于河南省,2007—2018 年,呈现出明显向西、向南移动的态势。2007 年平均中心在周口市,2008—2010 年出现了小幅度向西北方向移动,到了 2011 年,平均中心大幅度向西南方向移动至南阳市。随后的四年中,平均中心进一步向西移动。到 2016 年,平均中心开始向南迁移。2016—2018 年,建设用地供应的平均中心位于襄阳市、随州市和南阳市交界处。总之,建设用地供应的平均中心体现为向西、向南移动的趋势,这也与宏观上东部、东北等区域建设用地供应占比下降的趋势相吻合。

最后,建设用地供应的分布方位逐渐转为东西向的纵深延展,说明建设用地供应由过去集中于东部地区转为向中西部地区倾斜。利用标准差椭圆刻画的建设用地空间分布模式如表 3-2 所示,中国建设用地分布模式由依托沿海区域的南北向分布,逐步转化为向中西部的纵深延展。具体体现为:2007—2011 年,建设用地供应的标准差椭圆整体向西移动,方向角由右上方逐渐向右下方旋转,且椭圆的分布范围扩大,这说明城市建设用地的分布模式更多地受到了东西向分布力量的影响。2016 年后,标准差椭圆整体向南移动,这也与平均中心向西、向南的移动趋势相吻合。2018 年标准差椭圆分布显示，椭圆内部区域主要是长江经济带、河南等中部地区，这也与中国建设用地供应在中部区域增加的现实相一致。

表3-2　　　　　中国建设用地供应中心和分布方位变动

| 年份 | 面积（万平方千米） | 经度（°E） | 纬度（°N） | 短半轴 | 长半轴 | 方位角（°） |
| --- | --- | --- | --- | --- | --- | --- |
| 2007 | 288.42 | 114.94 | 33.10 | 8.39 | 10.95 | 54.88 |
| 2008 | 321.32 | 114.57 | 33.77 | 8.88 | 11.52 | 66.23 |
| 2009 | 293.78 | 114.67 | 33.59 | 8.38 | 11.16 | 66.41 |
| 2010 | 323.38 | 114.61 | 33.59 | 8.71 | 11.82 | 75.84 |
| 2011 | 370.59 | 113.05 | 32.54 | 9.24 | 12.76 | 74.87 |
| 2012 | 390.14 | 112.43 | 33.27 | 13.87 | 8.95 | 92.73 |
| 2013 | 361.62 | 113.01 | 33.55 | 13.23 | 8.70 | 91.92 |
| 2014 | 362.21 | 112.50 | 33.23 | 13.10 | 8.80 | 92.22 |
| 2015 | 380.78 | 112.20 | 33.57 | 13.76 | 8.81 | 95.92 |
| 2016 | 329.88 | 112.85 | 32.36 | 8.77 | 11.97 | 89.19 |
| 2017 | 333.38 | 113.15 | 32.42 | 8.93 | 11.88 | 89.22 |
| 2018 | 289.40 | 113.23 | 32.28 | 8.16 | 11.29 | 79.79 |

资料来源：中国土地市场网。

(三) 建设用地供应结构变动

除了建设用地供应的数量，建设用地供应的结构也是一个非常重要的特征。土地是决定企业落地生产的关键因素，因此，通过分析得到建设用地使用权的企业所属行业信息，可以对区域产业结构发展情况做出综合性的判断。本部分主要从第二、第三产业结构和高技术产业发展的角度，利用空间聚类的方法对建设用地供应结构进行分析。

首先，第二、第三产业结构情况。利用空间聚类的方法，本章分析了建设用地供应的第二、第三产业结构特征，发现其存在明显的空间集聚。研究发现，服务业占比较高的区域在西南地区集聚，而服务业占比较低的区域主要集中在东部的环渤海地区。这一定程度上体现出中国产业的空间分布特征，东部地区仍然是制造业发展的集聚区，而西部地区的服务业则呈现出快速发展的态势。

本章进一步从时间演变的角度进行了分析，从中可以发现中国产业发展"脱实向虚"的端倪。分析表明，2007年服务业用地占比较低、制造业占比较高的区域在环渤海和长三角区域都有聚类分布；2012年服务业占比较低的区域大范围集聚在环渤海区域；然而，到2018年，服务业用地占比较低的区域仅在环渤海区域存在小范围的聚类，且置信水平也较低。这个现象反映出以制造业为发展核心的区域范围在不断缩小，进而从时空演变的维度印证了经济"脱实向虚"的迹象。

其次，高技术产业发展情况。在第二、第三产业的转变之外，产业技术水平的提升也是产业结构升级的重要方面。因此，本章参考相关研究衡量产业技术水平的方式（Hausmann et al., 2007；周茂等，2018），从制造业内部各行业技术水平的角度，对建设用地供应的结构特征进行描述。研究表明，2018年中国高技术产业建设用地供应较高的区域呈现出明显的集聚分布。在供给的建设用地中，高技术产业占比较高的城市集中分布在东部的长三角区域和中部的长江中下游城市群，高技术产业占比较低的区域分布在胡焕庸线以西的地区。

在时空演变上，高技术产业建设用地供应的空间集聚在不断增强。2007年，高技术产业的建设用地供给分布整体上较为分散，2012年集聚分布的态势开始显现，高技术产业建设用地占比较高的区域大范围分布在东部沿海地区和中部地区，到2018年，集聚态势进一步加强，高技术产业建设用地占比较高的区域集中分布在长江中下游地区。

## 三　建设用地时空演变的动因分析——基于土地计划管理模式的视角

通过上述分析不难看出，中国建设用地供应的空间分布有明显的阶段性和区域性差异。其主要体现在：第一，对于空间分布，建设用地供应呈现出空间集聚的特征；第二，对于时空演变，建设用地供应的中心向西移动；第三，对于供应结构，建设用地供应结构存在明显的区域差异性。上述特征性事实根植于建设用地的计划管理模式，本节在简要总结当前土地管理模式的基础上，对中国建设用地时空演变的动因进行探索。

（一）用途和数量的双向管制的建设用地管理模式

中国建设用地管理模式的一个突出特征就是用途和数量的双向管制。《土地管理法》规定，"实行土地用途管制制度……严格限制农用地转为建设用地，控制建设用地总量，对耕地实行特殊保护"。除了用途管制，地方政府可以供给的建设用地也受到数量上的管制，即其不仅受到土地利用总体规划的约束，而且每年可支配的建设用地数量也受到上级政府分配的指标约束，《土地利用年度计划管理办法》规定，"新增建设用地计划指标实行指令性管理，不得突破。……没有土地利用年度计划指标擅自批准用地的，按照违法批准用地追究法律责任"。

从上述制度背景可见，各地供给的建设用地数量受到其用地指标的限制，用地指标的分配逻辑决定了建设用地的空间分布及其变动。根据《土地利用年度计划管理办法》，目前建设用地指标的分配流程如下：首先，各县级以上政府根据"本地规划管控、固定资产投资、节约集约用地、人口转移等因素"提出年度建设用地指标的建议，报上一级国土管理部门；其次，国土资源部与国家发展改革委根据全国新增建设用地计划指标控制总规模，并结合各省份的计划指标建议，决定当年度的建设用地指标，并下达到各省份；最后，省级以下政府根据"省级重点建设项目安排、建设项目用地预审和市县建设用地需求"，进一步分解用地指标，下达给市县政府。因此，地方政府可利用的建设用地数量会被层层分解的指标所制约。

此外，地方政府可以在给定数量的前提下决定土地供给的结构。《国有建设用地供应规划编制规范》规定，市、县国土资源行政主管部门可按行政辖区、城市功能区、住房和各业发展用地需求、土地用途和供应方式，对国有建设用地供应计划指标进行分解。总之，在中国建设用地管理模式下，层层下达的指标分配逻辑决定了建设用地的空间分布格局，而地方政府利用土地谋发展的逻辑则决定了建设用地供应结构。因此，下文将从此视角出发，对建设用地时空演变的动因进行分析。

（二）当前土地管理模式下建设用地时空演变的动因

第一，对于空间分布，建设用地的分布受到经济活动在空间上分布的影响。总结上述建设用地供应的流程可以发现，各地区固定资产投资、人口转移等用地需求因素是土地指标的重要决定因素。因此，经济活动在东部沿海地区集聚决定了建设用地供给集聚在东部地区的分布特征。在变动趋势上，随着近年来经济活动的空间格局由单中心向多中心网络化转变，依托中心城市的城市群分布成了经济活动主要的分布形式，建设用地供应格局也呈现出依托于城市群的网络化分布趋势。

第二，对于时空演变，建设用地的分布受到国家区域发展战略目标的影响。在中国的土地制度中，各省份可利用的建设用地指标数量由中央政府决定，因此，中央政府完全有能力通过调节下达给各省份的土地指标，实现国家的区域发展战略目标。具体而言，2003年区域协调发展战略逐渐形成，为了平衡区域间发展差距，中央政府加大对中西部地区的支持力度，对中西部地区有更多的资源倾斜。作为经济发展的重要资源，建设用地指标被中央政府作为一种政策工具，在区域协调发展战略的指引下向中西部倾斜。例如，《全国土地利用总体规划纲要（2006—2020年）》明确提出，要限制东部地区的建设用地供给，适当增加中西部地区的建设用地供给。这也充分解释了中西部地区建设用地供给的增加以及建设用地供应平均中心的向西移动。

第三，对于供给结构，建设用地的供给结构受到地方政府"经营城市"逻辑的影响。在当前的土地管理模式下，地方政府有能力决定建设用地的供给结构。同时，在地方政府锦标赛式的竞争中，土地是地方政府经营城市的重要资源，因而地方政府有动力影响建设用地的供给结构，这种影响的具体方向取决于地方发展目标。例如，在城市建设带来的财政压力下，地方政府会倾向于将有限的土地供应给地价更高的服务业；又如，对于长三角城市群等发达地区，地方政府推进产业转型的动力更强，因此城市建设用地的供应也会更倾向于高技术产业。总之，当前建设用地供应结构的变动也可以在地方政府经营城市的框架内得以解释。

## 第三节　理论分析框架

中国独特的土地制度赋予了政府很大的政策空间。中央政府决定着土地供给的数量，地方政府可以在上级政府给定的土地供给数量下决定土地供给的结构，这个制度设计赋予了政府利用土地供给调控区域经济发展的能力。土地供给的特征性事实也反映出政府积极调控区域间的土地供给，从而实现区域协调发展的战略目标。为了系统剖析土地供给对产业发展的影响，本章初步构建一个统一的理论分析框架，概述土地供给影响区域产业发展的总体机制，在下文各章节中将对具体的影响机制进行细致的分析。

土地是连接政府行为和企业行为的纽带，地方政府可以将土地供给作为政策工具，影响区域产业的发展，因此，本章从建设用地的政策属性出发，对土地供给影响产业发展的机制进行分析。建设用地具备"准入许可""补贴载体"和"价格信号"三个政策属性。

第一，建设用地具有"准入许可"的政策属性。作为地方政府的政策工具，地方政府可以将建设用地作为一个"准入许可"，既可能影响企业投资建厂，也可能实现对企业的筛选，影响入驻企业的创新能力和区域的产业结构。土地是企业进行生产的空间载体，是项目落地的必要条件，其具有一种"准入许可"的作用。反之，缺少土地指标将直接限制项目的落地生产，也就会限制企业的投资行为。因此，土地供给数量直接影响企业新项目落地的机会，可以对区域产业的增长产生直接的影响。

建设用地的"准入许可"属性也确保政府可以对入驻企业进行主动的筛选。企业在一个地区落地建厂需要经过层层审批流程。地方政府通常会设计特定的程序，从而实现在土地出让过程中对企业的选择。例如，在企业开工建设这个流程中，地方政府会通过层层审批将土地出让给特定行业的企业（杨其静等，2014），而且政府也会制定限制类产业名录，通过规章制度实现对企业的主动筛选，例如山东、浙江等省份都通过出台《限制用地项目目录》和《禁止用地项目目录》对入驻企业进行主动筛选。因此，当区域的土地供给受到更严格的限制时，地方政府将更加审慎地利用宝贵的建设用地指标，试图将其配给更符合当地发展方向的行业，以及更能为地方发展带来助力的企业，进而影响到区域产业的发展。

第二，建设用地具有"补贴载体"的政策属性。建设用地可以作为地方政府的补贴载体，土地供给数量会影响政府的补贴能力，而且政府补贴往往被政府用作培育产业发展的抓手。土地供给影响政府补贴能力的机制存在直接补贴和隐性补贴两个机制。一方面，土地供给数量的变化将会影响地方政府依靠土地出让获得预算外收入的能力，而土地出让金为地方政府补贴产业发展提供了资金支持。因此，土地供给会影响政府直接补贴的能力。另一方面，土地供给数量的变化将会影响地方政府间接补贴的能力。地方政府往往存在"以地引资"的行为，以较低的价格出让建设用地，从而吸引企业到该地区落地生产。这种人为压低土地价格的做法，相当于为企业提供了一种隐性的补贴。因此，土地供给受到限制时，用于"以地引资"的土地也受限，相当于减小了地方政府给予企业补贴的能力。

政府补贴可以影响企业行为，进而影响区域产业发展。政府的补贴直接为企业提供了资金，放松了企业的融资约束，提升了企业投资的能力。另外，政府往往会对企业的创新活动提供针对性的补贴，不仅会丰富企业投入创新活动的资金，还存在一种激励效应，促进企业增加创新。此外，政府通过低价供地提供的隐性补贴还会进一步放松企业的融资约束，即企业可以将低价拿到的建设用地作为抵押品进行外部融资，进一步提升其投资或创新的能力。因此，土地供给可以影响地方政府提供补贴的能力，进而影响企业的投资强度和创新行为，对区域产业发展产生影响。

第三，建设用地具有"价格信号"的政策属性。土地是企业的生产要素，因此土地供给会影响企业得到土地的价格，进而影响企业投资、创新等生产决策。限制性土地供给将推高土地价格，从而使企业购买建设用地或者租赁建设厂房的成本上升，这将直接影响企业的运营成本。土地价格上升还可以传导到其他部门，使企业利用的劳动力、资金等要素的价格上涨，推高企业的投资成本，间接影响企业运行的成本。企业经营成本的上升降低了企业的利润率，减少了企业的投资回报，因此降低了企业的投资意愿，并挤出企业的创新投入。值得注意的是，成本可能会对企业的创新产生倒逼作用，即类似于波特假说，企业在成本上升的压力下，会采取创新替代的策略，增加创新的投入。因此，"价格信号"机制对创新的影响需要进一步的实证检验。

土地的"价格信号"属性也会通过"市场选择效应"影响区域产业发展，即限制土地供给抬高了企业用地价格，提升了企业生存的压力，促使生产率更低的企业被淘汰出市场，从而在市场中留下生产率更高的企业。"市场选择效应"可以迫使部分企业退出市场，从而实现区域内产业增长动力、创新能力的提升，并推动产业结构的转变。

土地供给数量除了可以通过其政策属性直接影响产业发展，也会通过影响地方政府行为，对区域产业发展产生影响。地方政府会为了促进区域发展而展开竞争，地方政府可以通过策略性地供给建设用地，推动区域经济更好发展，即出现所谓的"经营城市"行为。在当前的建设用地管理制度下，虽然地方政府可以供给的土地数量受到上级政府的约束，但是其有权决定土地供给的结构。所以，如果外部给定的土地供给数量发生变化，地方政府土地供给的结构也会相应地发生变化，进而影响区域的产业发展。

通过上述分析，本章为全书初步构建了一个统一的理论分析框架，其理论机制如图3-1所示。下文各章节将基于此框架开展详细的论述，提出理论假说，并进行实证检验。

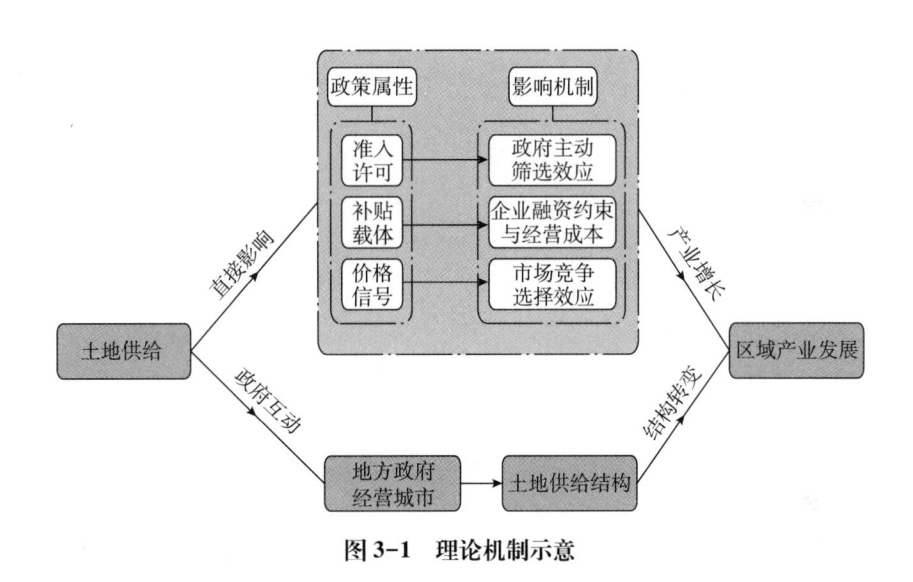

图 3-1 理论机制示意

## 第四节 本章小结

综上所述，新中国成立以来，建设用地管理制度演变经历了明确国家所有的土地所有权制度、确立国有土地使用权有偿出让制度、建立现代建设用地管理制度和新时代土地管理制度改革四个阶段。通过七十余年的探索与演变，中国形成了一套独特的土地制度，其中建设用地所有权国有化给政府利用土地供给作为政策工具提供了基础；使用权和所有权分离，使用权可以有偿出让，确保了地方政府可以利用土地供给作为政策工具，推动经济发展；通过不断完善土地管理制度，一方面，遏制了土地的无序利用；另一方面，也规范了将土地供给作为政策工具的使用途径；进入新时代以来，土地制度进一步完善，向配置市场化、利用集约化和管理现代化的方向不断演进。

在这样的土地制度下，中国建设用地的空间分布有明显的区域差异。其主要体现在：第一，建设用地的供给总量在空间上体现出集聚的特征，呈现出依托中心城市的集聚分布状态，特别是集聚在长三角和珠三角等发育比较成熟的城市群中；在时间演变上，建设用地供给的中心向西部、南部移动，分布方位逐渐向东西部纵深延展。第二，建设用地的供给结构也体现出明显的差异性，第二产业土地供给较多的区域分布在东部地区，而且高聚类范围不断缩小，反映出了产业服务化的端倪；高技术产业在长三角、长江中下游城市群集聚，而且集聚的程度不断加深。

上述特征性事实与土地供给密切相关。土地供给可以被中央政府作为政策工具，调节区域经济的空间结构，当前在区域协调发展战略的指导下，为了平衡区域间发展差距，中央在分配建设用地指标时向中西部倾斜，这也解释了中西部土地供给面积的上升和土地供给中心的向西移动，这种倾斜性配置会影响区域经济的发展。另外，建设用地供给受到数量和用途的双向管制，对地方政府而言，其每年可支配的建设用地数量受到上级政府分配的指标约束，同时地方政府可以在土地利用总体规划的框架内决定出让土地的结构。因此，中央政府土地指标的分配也可以通过地方政府的土地资源配置逻辑影响区域经济的发展。

那么，这种倾向中西部的土地供给模式究竟对产业发展有什么样的影响？本书余下部分将重点回答这个问题。具体来说，本书将依据发展经济学的传统，从增长和结构两个维度，研究土地供给对产业发展的影响。在产业增长方面，本书将重点关注投资和创新这两个推动产业增长的动力来源；在结构转变方面，本书将重点关注产业结构由工业向服务业的转变。通过以上几个方面的分析，本书试图描绘出土地供给影响产业发展的一个相对完整的图景，对当前土地供给模式的经济效果提供一个综合的评价。

在评价当前土地供给模式的经济效果的基础上，本书还将进一步分析其造成这种经济效果的原因与机制。尽管土地供给影响投资、创新和产业结构的具体机制存在差异，但是它们可以统一在一个一致的逻辑思路之下，即土地是连接政府行为和企业行为的纽带，它既是地方政府的政策工具，也是企业的生产要素。作为地方政府的政策工具，地方政府可以将建设用地作为一个准入许可，既可以影响企业投资建厂，也可能实现对企业的筛选，影响入驻企业的创新能力和区域的产业结构。土地供给作为地方政府的政策工具也体现在其可以作为地方政府的补贴载体，土地出让金为政府给予企业的直接补贴提供了资金支持，同时地方政府可以通过低价出让土地的途径给予企业"隐性补贴"，而这也会缓解企业的融资约束，进而影响企业的投资强度和创新水平。另外，土地也是企业的生产要素，因此土地供给会影响企业得到土地的价格，进而影响企业投资、创新等生产决策。综上所述，土地要素具备"准入许可""补贴载体"和"价格信号"三个政策属性，而本书将在这三个政策属性的框架内，对土地供给影响产业发展的机制进行分析。

此外，本书在同一个逻辑框架之内分析土地供给影响产业发展机制的同时，也结合每章核心问题的内在特性，进行了针对性的分析。在投资方面，本书从区域异质性的角度，分析了土地供给对东部和中西部企业影响程度的差异，从而为中国制造业整体投资率的下降提供了新的解释；在创新方面，本书从限制土地供给倒逼企业创新的角度，说明波特假说不仅存在于环境规制领域，在土地领域也同样存在；在产业结构转变方面，本书从地方政府"经营城市"行为的视角，分析了土地财政依赖和土地集约化利用压力对土地供给行为的影响，为产业结构的分析提供了一个新的视角。

# 第 四 章

# 土地供给与企业投资

## 第一节 引言

当前,实体经济投资下滑是中国经济运行的一个突出问题。如图4-1所示,自2004年以来制造业全社会固定资产投资完成额增速呈现出持续的下降趋势,由2004年的33.3%,波动中下降到2017年的3.1%。制造业投资增速的不断下降,一方面,增大了中国经济的下行压力,为中国经济的平稳增长蒙上了阴影;另一方面,也带来了中国经济结构恶化的隐忧,引起了实体经济投资下滑导致的过度"去工业化"、经济"脱实向虚"等问题,不利于经济结构的转型,损害中国长远的国家竞争力。

为了解释和解决这个问题,学者对中国投资率下降的问题进行了研究(刘树成,2016),重点分析了影响企业投资率的因素(张成思、张步昙,2016)。现有研究认为,宏观经济环境(Baker et al.,2016;龙小宁、黄小勇,2016)、金融资产配置(Orhangazi,2008;张成思、张步昙,2016)、税收和劳动法规(Chen et al.,2019;潘红波、陈世来,2017)以及政治动机和同伴效应(金宇超等,2016;赵娜等,2017)等诸多因素都会对企业的投资行为产生影响。尽管上述研究非常丰富，但是，现有研究中还存在一个核心问题，即制造业的投资增速早在 2005 年左右就开始回落，然而，一些着眼于近几年中国经济特征的研究无法解释 2008 年国际金融危机之前就已经出现的投资下滑态势。

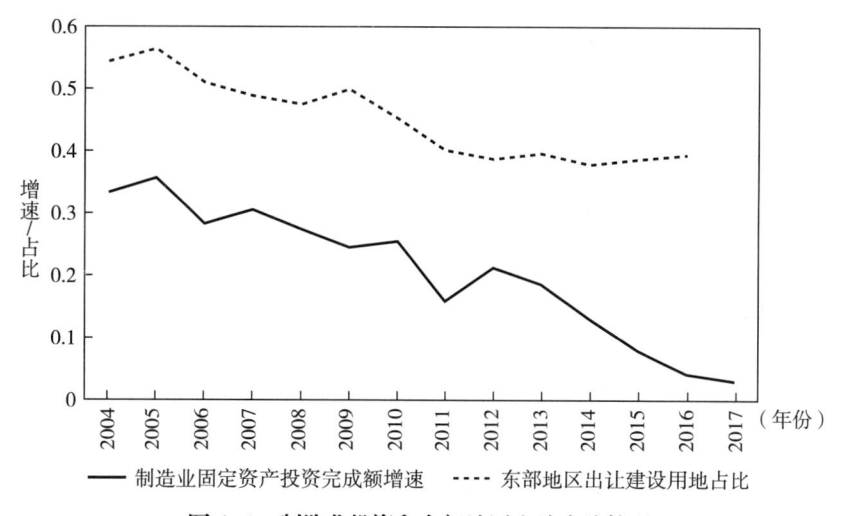

**图 4-1　制造业投资和东部地区土地出让情况**

资料来源：EPS 数据库。

本书注意到 2005 年前后正是中国土地管理与供应发生关键变化的时间节点。一方面，2005 年前后工业用地的出让方式发生了变革，2006 年国务院颁布的《国务院关于加强土地调控有关问题的通知》要求工业用地出让采用"招拍挂"的方式，这在一定程度上限制了地方政府通过低地价或"零地价"等方式，吸引工业投资的行为（Cai et al., 2013；刘守英，2012；陶然等，2009；杨其静等，2014）。另一方面，为了平衡区域间的发展差距，促进区域协调发展，中央开始限制东部地区的土地供给，实施倾向于中西部的土地供给政策（陆铭等，2015）。如图 4-1 所示，2005 年以来东部地区土地出让的占比不断下降，东部地区占比从 2005 年的 56.5%下降到 2016 年的 39.4%。而且，可以明显地发现，东部地区土地出让占比的下降，与制造业投资增速的下降在时间上具有同步性，在趋势上具有平行性，因此本章提出疑问：土地供给的变化是不是造成投资增速下降的原因？

为了回答这一问题，本章重点关注建设用地供给对工业企业投资的影响。诚然，区域土地供给减少，会降低新进企业的数量，影响区域总体的投资水平，这是显而易见的。但是，比起这种投资项目数目的变化（extensive margin），本章则重点关注土地供给对每一家企业个体投资行为的影响，相当于考察企业投资的深度（intensive margin）。而且，本章也试图解释这种影响的内在机制。更重要的是，解释为什么这种影响会引起中国整体投资增速的下降。

具体而言，本章基于2001—2013年的工业企业数据，利用固定效应模型、工具变量，以及借助低丘缓坡试点利用双重差分等多种估计方法，研究了土地供给对工业企业投资增速的影响。研究发现，限制土地供给会降低企业固定资产投资增速，上述结果经过一系列稳健性检验仍保持稳健。机制分析表明，企业购买土地建设新项目机会减少、企业财务成本上升、企业得到的直接补贴和低价拿地获得的"隐性补贴"下降，均是限制土地供给抑制企业投资的原因。异质性分析发现，东部地区的企业投资对土地供给的弹性较大，而其他区域的企业对土地供给不敏感。当前的土地供给模式限制了弹性较大的东部地区的土地供给，对东部地区的企业投资产生了较大的抑制作用，与此同时扩大中西部的土地供给，但是由于中西部的弹性较低，中西部投资的提升无法补偿东部投资的下降，因此造成中国整体投资增速的下滑。

本章的创新点和边际贡献可能在以下几个方面：第一，本章丰富了对于中国实体经济投资下降的理解。如上文所述，尽管研究投资影响因素的文献非常丰富，但是，本章提供了一个基于土地供给空间差异的新视角。目前，从土地的角度研究投资问题的文献大多关注房地产的挤出作用（Song and Xiong，2018）和信贷缓解作用（Chaney et al.，2012）。然而，相对房地产价格等因素，土地供给是一个更加根本的变量，更外生于经济系统，同时它也是一个更实际的政策抓手，具有更直接的政策含义。因此，本章从土地供给视角进行研究，不仅更好地解释了中国制造业投资下降的特征性事实，也加深了对其原因的理解。

第二，本章丰富了关于中国土地问题的研究。目前，许多研究关注了中国土地制度的典型特征（刘守英，2018a）以及其对中国经济发展的重要作用（杨其静、彭艳琼，2016；张莉等，2011；郑思齐等，2014；杨其静等，2014）。但是，很少有研究从土地的政策属性出发，系统地研究土地供给对于区域经济的影响方式。而本章在机制分析中，总结出了建设用地的"准入许可""价格信号"和"补贴载体"三种政策属性，并且证实了其对产业发展的影响。区分土地的政策属性具有一定的理论意义，即土地与一般的要素不同，它本身具有准入许可的属性，因此，天然地具备政府调控的能力；同时，它也与一般的行政管制手段有差异，其本身的价格可以作为一种信号影响企业行为。因此，本章的机制分析有助于深化对中国土地问题的理解。

第三，本章为区域间土地资源配置对制造业的影响提供了经验证据。现有大量文献关注了当前土地供给模式的经济后果，认为东西部之间的错配导致了一系列不利的经济后果（余吉祥、沈坤荣，2019；陆铭等，2015），本章的研究也丰富了这一支文献。研究发现，区域间土地资源的错配实际上造成了中国整体投资率的下降，在当前中国经济下行压力加大的背景下，这个发现也具有极强的现实意义。

## 第二节 理论机制分析

投资作为经济发展的内在推动力量，一直是经济学研究的重要问题，而企业投资作为投资的重要组成部分，长久以来得到了经济学家的关注（Abel，1981；Hayashi，1982；Jorgenson，1962）。一般而言，在市场条件下，企业的投资行为会受投资回报率、融资约束等因素的影响（Jorgenson and Hall，1967）。当投资回报率较低时，投资机会较少，企业倾向于缩小投资；当企业面临紧缩的投资约束时，即使有较多的投资机会，因企业无法获得足够的资金用于投资，同样也会减少投资行为（于泽等，2015）。另外，政府的政策和补贴也会对企业的投资行为造成影响。例如，研究表明政府补贴可以刺激企业的投资行为，造成企业的过度投资（黄健柏等，2015），而在现实中政府利用税收优惠、土地政策等手段的引资行为也为这个影响渠道提供了现实支撑（杨其静、彭艳琼，2016）。

土地是连接政府行为和企业行为的重要纽带，会通过上述市场机制和政府政策共同影响企业的投资行为。一方面，土地供给直接影响企业的投资回报。土地供给情况不仅会影响企业购地价格，直接影响企业的建厂成本，而且也会通过改变其他要素和中间品价格的渠道间接影响企业成本。例如，当土地供给量下降，导致土地价格上升后，企业经营成本的上升降低了企业的利润率，减少了企业的投资回报，因此降低了企业的投资意愿。另一方面，土地要素是政府重要的政策工具，降低土地供给数量，减少了地方政府的政策资源，压缩了政府的政策空间，不仅会限制政府直接通过低价出让土地，从而吸引企业投资的行为（张莉等，2011），而且也会影响政府的预算外收入，缩减政府对企业进行补贴的资金来源，对企业投资有负向影响。下文将从市场机制和政府调控等角度对上述机制进行详细分析。

第一，土地供给会影响土地价格，进而通过"价格信号"的属性影响企业投资。"价格信号"影响企业投资主要有投资成本和融资能力两个渠道。在投资成本方面，限制土地供给将推高土地价格，从而使企业购买建设用地或者租赁建设厂房的成本上升，这将直接影响企业的运营成本，降低企业利润，对企业投资有不利影响，现有实证研究对这一论断提供了支撑（黄健柏等，2015）。

另外，限制土地供给引致的土地价格上升，也可以通过影响其他要素和中间品价格的渠道，间接影响企业运行的成本。土地价格的上涨可以传导到其他部门，使企业利用的劳动力、中间品等要素的价格上涨，推高企业的投资成本，进而降低企业的投资意愿。其中，房地产部门发挥了关键的作用，例如研究表明，偏向中西部的土地供给将显著推高东部地区的住房价格，而住房价格的上涨将导致工资的上升，人力成本的上升会压缩企业的利润空间，因此会降低企业的投资意愿（陆铭等，2015）。此外，土地供给也会影响制造业企业的融资成本，其中房地产部门仍然是重要的传导途径。大量研究证实限制土地供给将导致房地产价格的上涨（雷根强、钱日帆，2014），进而对制造业的投资产生挤出效用。房地产价格的上涨，使房地产业与制造业的利润率产生差距，吸引大量资本涌入房地产市场，这一方面缩紧了制造业企业的融资约束，另一方面也拉高了制造业企业的融资成本。房地产部门与实体部门利润的差距，还会进一步促使制造业企业改变资产的配置方式，将更多的资产配置到金融领域，导致大量资本抽离出制造业（汪勇、李雪松，2019），引起制造业投资的下降（Demir，2008；Orhangazi，2008；Stockhammer，2004；张成思、张步昙，2016）。

当然，土地供给数量变化也存在缓解企业的融资约束，促进企业投资的机制，学者将其总结为"信贷缓解效应"。其原因在于，企业融资时往往需要将土地、房屋等不动产作为抵押品（Tenev，2001），而土地供给数量减少导致的价格上涨会提高这些抵押品的价值，因此企业可以获得更大的融资能力，进而促进企业的投资（Chaney et al.，2012；Gan，2007；Rampini and Viswanathan，2013）。尽管有研究表明信贷缓解效应在中国也存在（Chen et al.，2015；Wu et al.，2015；曾海舰，2012），但房地产价格上涨对企业融资能力的影响是正反两个方向效应的净效果，现有关于中国的实证研究一般认为其净效应为负，即较高的房地产价格会抑制制造业企业的投资，其原因在于，一方面企业拥有的土地等资产比较有限，因此信贷缓解效用较小（陈爽英等，2010）；另一方面房地产价格上涨，对制造业的"抽血效应"占据更加主导的作用（荣昭、王文春，2014；王红建等，2016；吴海民，2012）。

　　第二，建设用地可以作为地方政府的"补贴载体"。土地供给数量会影响政府的补贴能力，而且政府补贴对于企业的投资存在促进作用。如果土地供给量受到限制，将会导致企业投资量的下降。土地供给数量影响政府补贴能力的原因主要在于以下两点：一是在中国经济运行中，"以地引资"模式成为地方政府招商引资的主要模式（周飞舟，2007），即地方政府以土地作为政策工具，以较低的价格出让建设用地，从而吸引企业到该地区落地生产。这种人为压低土地价格的做法，相当于为企业提供了一种隐性的补贴（黄健柏等，2015），而低廉的地价会吸引企业入驻，促进企业投资。另外，企业也可以将低价拿到的土地作为抵押品进行外部融资，所以，企业低价拿地也会降低企业的融资约束，进一步提升其投资能力。因此，当地方政府得到的土地指标受到限制时，用于"以地引资"的土地受限，相当于减少了给企业的"隐性补贴"，企业的投资行为也会受限。二是土地供给数量影响政府补贴能力也体现在"土地财政"上。分税制改革之后，中国的财政系统体现出"财权"上移、"事权"下移的特征。地方政府财政预算往往只能满足地方政府一般性的运转支出，难以满足地方政府发展经济所需的建设性支出，在中国的制度背景下，土地财政为地方政府发展经济提供了财政支持。因此，土地供给数量的变化将会影响地方政府依靠土地出让获得预算外收入的能力，进而会影响政府给企业补贴的能力。而政府对企业的补贴会刺激企业的投资。一方面，政府补贴直接为企业提供了资金，放松了企业的融资约束，提升了企业投资的能力；另一方面，企业只有进行了投资生产之后才可以得到税收返还等形式的补贴，因此，政府补贴也存在一种激励效应，促进企业扩大投资。所以，一旦地方政府的建设用地指标受限，依靠"土地财政"得到的预算外收入降低，其补贴能力也会随之下降，对企业投资的促进能力也会下降。

第三，土地具有"准入许可"的政策属性。土地是企业进行生产的空间载体，是项目落地的必要条件，因此，土地指标不仅具有上述"价格信号"和"补贴载体"的作用，还有一种"准入许可"的作用。缩减土地指标将直接限制项目的落地生产，也就会限制企业的投资行为。因此，如果土地供给数量缩减，相当于直接减少了企业新项目落地的机会，造成企业投资的下降。

根据上述事实和文献的分析，本章可以构建一个简单的分析框架。如图 4-2 所示，假设企业的投资行为取决于市场中的投资需求与供给，其中纵坐标表示投资额，而横坐标代表融资成本，那么投资需求将是一条向右下方倾斜的曲线，而投资供给将是一条向右上方倾斜的曲线。下面考虑土地指标的影响，由于土地指标的限制，当投资数量达到一定程度后，即使存在更多的投资供给或者投资需求，投资项目也无法落地，因此投资数量存在一个上界。综上所述，企业面临的投资需求曲线和投资供给曲线如图 4-2 的 $D_1$ 和 $S_1$ 所示。

接下来，考虑土地供给数量变化对投资需求的影响。如果土地供给的数量减少，那么地价上升会导致企业融资成本上升，投资的需求曲线将下移，由 $D_1$ 平移到 $D_2$ 位置，如图 4-2（a）所示，新均衡状态的投资将会减少。再考虑政府补贴影响，当土地供给指标缩减后，政府提供的直接和间接补贴减少，导致企业可用于投资的资本数量下降，相当于投资供给曲线下移，如图 4-2（b）所示，投资供给曲线由 $S_1$ 平移到 $S_2$ 后，同样会造成投资总量的降低。上述结果均是内点解，下面我们考虑角点解的情况，即假设均衡状态的投资超过了投资上界，但是，由于土地供给的限制，实际投资额只能等于投资上界。因此，当土地供给指标缩减时，如图 4-2（c）所示，将导致投资上界下移，同样导致投资数量的下降。

综上所述，本章提出核心假说：限制土地供给将导致企业投资下降，其主要的影响机制是企业成本上升、政府补贴下降和新项目机会受限。

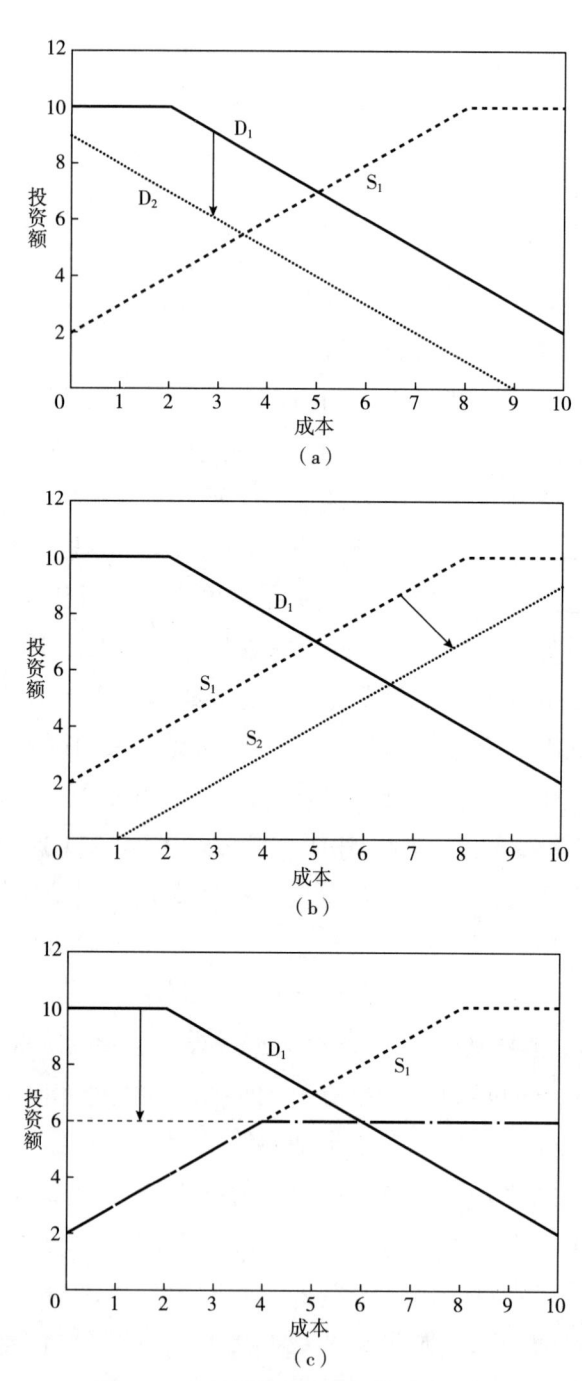

图 4-2　土地供给与企业投资行为示意

资料来源：笔者绘制。

## 第三节 识别方法与数据

### 一 基本模型

本章核心关注的问题是土地供给数量对企业投资的影响,因此本章构建如(4-1)式所示的双向固定效应模型进行基础估计:

$$y_{irt} = \alpha_0 + \beta_1 land_{rt} + \alpha X_{irt} + \delta_t + \mu_r + \epsilon_{irt} \tag{4-1}$$

其中,核心被解释变量 $y_{irt}$ 为企业的固定资产投资,$i$、$t$ 和 $r$ 分别代表企业、时间和城市;$land_{rt}$ 为核心解释变量,衡量城市土地供给的数量;$X_{irt}$ 为其他城市和企业级别的控制变量,其具体设置见下文变量部分;$\delta_t$ 为年份固定效应;$\mu_r$ 为城市固定效应;$\epsilon_{irt}$ 为随机扰动项。那么,(4-1)式中,$\beta_1$ 则代表了土地供给对企业投资行为的影响。具体变量选择如下。

核心被解释变量。本章核心解释的问题是企业资产投资的增长情况,其中固定资产投资是企业投资的主要方面,现有研究也主要关注工业企业的固定资产投资问题,因此,本章将企业实际固定资产投资增速设定为核心被解释变量。其计算方式如(4-2)式所示,其中 $fix\_cap_{it}$ 代表企业 $i$ 第 $t$ 年的固定资产原价合计,在稳健性检验中本章也利用企业各年的实际固定资产投资额的增速作为核心被解释变量进行了检验。另外,为了剔除异常值的影响,本章对实际固定资产投资和计算得到的固定资产投资增长率均进行了1%的缩尾处理。

$$fix\_rate_{it} = (fix\_cap_{it} - fix\_cap_{it-1}) / fix\_cap_{it-1} \tag{4-2}$$

核心解释变量。如上文(4-1)式所述,本章的核心解释变量为城市土地供给的数量,其中可供工业企业利用的土地为国有建设用地,因此,本章将每个城市各年建设用地供应和出让的数据作为核心解释变量。具体而言,其包括以下四个指标:建设用地出让面积、建设用地出让宗数、新增建设用地出让面积和建设用地供应面积①。在中国现行的土地管理制度下，城市的建设用地使用权归国家所有，实行用途和数量双向管制，地方政府每年出让的建设用地指标由上级政府外部给定。因此，对于地方政府治理下的企业而言，城市每年供给和出让的建设用地数量外生于企业的投资行为，所以，上述土地供给指标的估计系数 $\beta_1$ 可以解读为城市供给的土地数量对企业投资行为的因果效应。另外，本章还进一步进行了内生性分析，详见下文论述。

控制变量。除了（4-1）式中包括的城市、年份的固定效应，本章还从城市和企业层面控制了一系列可能影响企业投资的变量，从而减少遗漏变量的问题。本章从经济发展水平城市规模和基础设施建设等方面控制城市级别的控制变量，具体而言，其中包括人均实际 GDP、总人口和人均道路面积。参考相关研究，本章控制了企业规模、经营情况和年龄等影响企业投资的变量，其中包括企业产值、总资产、净利润和企业年龄（余明桂等，2016），以及企业的行业类别和所有制情况的虚拟变量。各变量选择及计算方法见表4-1。

表4-1　　　　　　　　变量选择及计算方法

| 变量 | 符号 | 指标 |
| --- | --- | --- |
| 企业固定资产投资增速1 | fix_rate | 固定资产原价计算的企业固定资产投资增速 |
| 企业固定资产投资增速2 | fix_rate2 | 实际固定资产计算的企业固定资产投资增速 |
| 建设用地出让面积 | lg_area | 国有建设用地出让面积对数［ln（公顷）］ |
| 建设用地出让宗数 | lg_splot | 国有建设用地出让宗数对数［ln（宗）］ |
| 新增建设用地出让面积 | lg_area_new | 新增国有建设用地出让宗数对数［ln（公顷）］ |
| 建设用地供应面积 | lg_area_support | 国有建设用地供应面积对数［ln（公顷）］ |

---

① 根据《中华人民共和国土地管理法》第43条规定，"任何单位和个人进行建设，需要使用土地的，必须依法申请使用国有土地"，因此，本部分中的建设用地均指国有建设用地。

续表

| 变量 | 符号 | 指标 |
|---|---|---|
| 建设用地出让面积占全国比重 | square_perc | 城市国有建设用地出让面积/全国国有建设用地出让面积 |
| 建设用地供应面积占全国比重 | square_perc_support | 城市国有建设用地供应面积/全国国有建设用地供应面积 |
| 新增建设用地出让面积占全国比重 | square_perc_new | 城市新增国有建设用地出让面积/全国新增国有建设用地出让面积 |
| 新增建设用地供应面积占全国比重 | support_perc_new | 新增国有建设用地供应面积/全国新增国有建设用地供应面积 |
| 企业总产值 | lg_revenue | 实际销售产值对数［ln（千元）］ |
| 企业年龄 | age | 企业年龄（年） |
| 企业利润 | profit | 实际利润（千元） |
| 企业总资产 | lg_capi | 实际总资产对数［ln（千元）］ |
| 城市人均GDP | lg_pergdp | 地区生产总值/总人口的对数［ln（百万元/人）］ |
| 城市总人口 | pop | 总人口数的对数［ln（万人）］ |
| 人均道路面积 | peroverload | 人均道路面积（平方米/人） |
| 划拨土地面积 | lg_assign | 城市划拨土地面积对数［ln（公顷）］ |
| 企业是否买地 | buy_land | 买地为1，不买地为0 |
| 企业财务费用 | finance_cost | 企业财务费用/企业总产值（%） |
| 企业补贴 | lg_subsidy | 企业获得补贴的对数［ln（千元）］ |
| 土地溢价率 | land_dis | （土地出让价格-基准地价）/基准地价 |

## 二 工具变量估计

尽管城市供给的土地数量受到上级政府的限制，外生于企业的投资行为，但是，人们仍然可能怀疑存在潜在的内生性问题。例如人们可能怀疑，分配到城市的土地供给指标可能与城市经济发展水平相关，（4-1）式中固定效应和控制变量不能完全控制住这些效应，因此城市土地供给数量可能与（4-1）式的残差项相关，造成估计的偏误。

为了缓解潜在的内生性估计偏误，本章采取工具变量方法进行估计。一般而言，工具变量需要满足两个条件：一是相关性约束，即工具变量必须与核心解释变量相关；二是排他性约束，即工具变量对被解释变量的影响只通过核心解释变量这一条渠道，与基础回归的残差项不相关。本章依据当前的土地供给制度，选取城市中划拨的土地面积作为土地供给面积的工具变量。当前，我国土地建设用地使用权的转让主要通过"招标、拍卖和挂牌"、协议和划拨几种途径，其中《土地管理法》规定工业、商业、旅游、娱乐和商品住宅等各类经营性用地只能通过"招拍挂"等方式出让；供应商业、旅游、娱乐和商品住宅等各类经营性用地以外用途的土地，其供地计划公布后同一宗地只有一个意向用地者的可以通过协议的途径出让，而划拨的土地则主要用于国家机关用地，军事用地，城市基础设施用地，公益事业用地，国家重点扶持的能源、交通、水利等基础设施用地，法律、行政法规规定的其他用地，不会用作工业、商业等经营性用地。这种制度设计保证了以划拨土地数量作为工具变量满足相关性约束和排他性约束，具体原因如下。

第一，城市划拨的建设用地与城市出让给工业企业的建设用地共同受到城市当年土地供应指标的约束，因此划拨的土地与供应给产业发展的土地相关，满足相关性约束。第二，划拨土地作为工具变量满足排他性约束的原因在于，以划拨方式转让的土地均是无偿转让，用于支持交通设施建设或者政府等公共事务建设，并不会直接转让给制造业企业，因此，不会直接影响到企业的投资行为。第三，根据上文的理论分析，土地影响企业的途径主要是影响企业融资成本和政府补贴等渠道，而划拨用地不会配置给企业，和企业用地价格以及房地产发展不相关，不会通过成本途径影响企业投资。而且，划拨用地不会直接转让给企业，政府无法用其进行"以地引资"，同时划拨用地为无偿转让，不会影响地方政府财政，综上所述，其不会影响政府对企业的补贴。因此，划拨土地对企业投资行为的影响只能通过供应给企业的土地数量这一渠道，其满足排他性约束。

此外，一个可能存在的问题是，建设用地通过划拨的方式转让后,政府会进行办公楼、道路修建等活动,这可能对部分行业的企业行为造成影响。为了解决这个问题,本章剔除了和建筑相关的非金属矿物制品业、黑色金属冶炼和压延加工业以及金属制品业等行业,重新进行估计,结果依旧保持稳健。具体结果详见下文结果描述部分。

### 三 双重差分估计

除寻找工具变量外,本章也从寻找外生冲击的角度,寻找解决内生性的方法。其核心想法在于,寻找一个外生于企业投资行为,但是会影响城市土地供给的外生冲击。然后,通过双重差分的方法来估计土地供给变化对企业投资的影响。

具体而言,本章首先利用低丘缓坡试点作为一个准实验进行估计。低丘缓坡试点是为了解决保护环境和保障发展的问题,允许部分试点城市对高度在相对高差小于 200 米的低丘和坡度在 25 度以下的缓坡以及荒滩、沟壑等未利用地进行开发利用,从而增加可以用于建设的土地资源,开辟新的发展空间。城市纳入低丘缓坡试点后,满足条件的可以依法对土地利用总体规划进行修改,调整可利用建设用地的规模。国土资源部也规定可以根据试点城市的实际需要,单独安排低丘缓坡用地的指标①。由于低丘缓坡试点政策为地方政府增加了宝贵的建设用地资源,因此得到了地方政府的积极响应,2011 年起国土资源部确定浙江等 11 个省份开始试点工作,并陆续批复了试点城市的建设方案。

城市入选低丘缓坡试点后,其可以利用的建设用地面积得到增加,这相当于城市的土地供给量受到了一个向上的冲击。而城市是否入选低丘缓坡试点也不受企业行为的影响,外生于企业的投资增速。因此,本章可以利用双重差分的方法对(4-3)式进行估计:

$$y_{irt} = \alpha_0 + \beta_1 dqhp_{rt} + \delta_t + \mu_r + \alpha X_{irt} + \epsilon_{irt} \tag{4-3}$$

---

① 《低丘缓坡荒滩等未利用土地开发利用试点工作指导意见》。

其中，$dqhp_n$代表一个城市是否进入低丘缓坡试点的虚拟变量，当城市进入低丘缓坡试点之后年份设为1，若城市不是低丘缓坡试点城市或者当年尚未进入试点则为0；其他变量的含义与（4-1）式相同①。通过对（4-3）式进行估计，得到估计系数$\beta_1$，代表城市进入低丘缓坡试点对企业投资的因果效应，也就可以视为城市土地供给外生增加后，对企业投资的影响。

上述识别策略可能存在一个问题，即当上级政府确定低丘缓坡试点城市时，会考虑城市的自然地理环境，将具有更多的低丘缓坡的城市纳入试点。因此，为了增加识别中处理组和对照组的可比性，我们也利用城市坡度、崎岖度等自然条件进行匹配。具体方法为，借鉴相关研究的方法（Rosenbaum and Rubin，1983；Rosenbaum and Rubin，1984），利用倾向得分匹配法选取对照组。具体而言，先根据城市是否曾经进入低丘缓坡试点将城市分为两组，试点城市为处理组（$L_c$等于1），非试点城市作为对照组（$L_c$等于0），利用Logit模型对（4-4）式进行估计，得到城市进入试点的概率$P_c$，以其作为倾向得分，其中$X_c$为城市的地理条件。根据估计得到的倾向得分，利用最近邻匹配的方法，为入选的试点城市匹配对照组，再利用匹配得到的样本，重新对（4-3）式进行估计，具体估计结果见下文结果部分。

$$P_c = P_r\{L_c = 1 | X_c\} = \emptyset(X'_c\beta) \tag{4-4}$$

此外，本章也以2006年新版的《全国土地利用总体规划纲要（2006—2020年）》的出台作为一个冲击进行验证。2006年版的《全国土地利用总体规划纲要（2006—2020年）》明确规定，"限制东部地区的建设用地供给，适当增加中西部地区的建设用地供给"。因此，可以基于规划出台的时间前后和城市所属板块差异两个维度的变异，利用双重差分模型进行估计。同时，为了剔除板块自身演

---

① （4-3）式中控制了时间和城市的双向固定效应，从而控制住了处理前和处理后，处理组和对照组的差异，因此结果可以解读成双重差分的结果。

变差异的影响，借鉴现有研究的方法，本章只选取东部和中西部交界的样本进行估计（陆铭等，2015）。这些板块交界的城市具有相似的自然地理条件和更为接近的经济社会发展水平，具有更高的可比性。因此，本章利用这些样本对（4-5）式进行估计：

$$y_{irt} = \alpha_0 + \beta_1 post_t \times treat_r + \beta_2 post_t + \beta_3 treat_r + \alpha X_{irt} + \epsilon_{irt} \qquad (4-5)$$

其中，$post_t$ 代表政策前后的虚拟变量，2006 年《全国土地利用总体规划纲要（2006—2020 年）》出台之前取值为 0，之后取值为 1；$treat_r$ 代表是不是东部地区的虚拟变量，如果城市处于东部地区取值为 1，否则取值为 0；其他变量含义与（4-1）式相同。那么（4-5）式中，在同时控制了 $post_t$ 和 $treat_r$ 的情况下①，交互项 $post_t \times treat_r$ 的估计系数 $\beta_1$ 则代表了《全国土地利用总体规划纲要（2006—2020 年）》出台后，东部地区土地供给指标缩减对企业投资的因果效应。

### 四 数据来源

本章采用 2001—2013 年的面板数据，其中企业方面的数据来自国家统计局的中国工业企业数据库，并且对原始数据按照文献中的常规方法进行了清理（Brandt et al.，2011；聂辉华等，2012）。具体包括删除了企业总资产、工业总产值、雇用劳动力、固定资产净值等重要信息缺失的样本，删除了资产总计小于固定资产或流动资产、利润率大于 1 等不符合会计准则的数据，并且剔除了就业人数少于 10 人、销售收入小于 500 万元的企业。同时，由于 2011 年后统计的是销售额 2000 万元以上的企业，本章也进一步删除了销售收入在 2000 万元以下的企业进行检验，结果保持一致。并且，为了避免极端值的影响，本章对来源于工业企业数据库的数据进行了 1% 的缩尾处理。其余地级层面的数据来源于《中国城市统计年鉴》和 EPS 数

---

① 实际估计中，本章控制了更为细致的城市固定效应和时间固定效应，即固定效应的控制与（4-1）式、（4-2）式相同。

据库。低丘缓坡试点数据来源于北大法宝、中国知网年鉴、中国知网政府文件这三个数据库及各省、自治区自然资源厅官网，具体方法为在上述数据库及网站中查找低丘缓坡关键词，逐条筛选各项搜索结果，整理出被国土资源部列入低丘缓坡试点的城市及试点开始的年份。其中，对同一个城市存在多个试点的情况，以最早被列入试点的年份为准。所用数据的描述性统计如表4-2所示。

表4-2　描述性统计

| 变量 | 样本数 | 均值 | 标准差 | 最小值 | 最大值 |
| --- | --- | --- | --- | --- | --- |
| fix_rate | 997371 | 0.365 | 0.679 | 0.000 | 3.764 |
| fix_rate2 | 1313309 | 0.212 | 0.817 | -0.931 | 3.862 |
| lg_area | 2047946 | 6.967 | 0.984 | -0.248 | 9.115 |
| lg_splot | 2047453 | 6.213 | 0.931 | 0.000 | 8.898 |
| lg_area_new | 1891485 | 6.265 | 1.266 | -3.507 | 8.664 |
| lg_area_supportt | 2048757 | 7.385 | 0.989 | 1.289 | 10.207 |
| square_perc | 2060120 | 0.007 | 0.007 | 0.000 | 0.103 |
| square_perc_support | 2060120 | 0.007 | 0.006 | 0.000 | 0.093 |
| square_perc_new | 1891485 | 0.000 | 0.000 | 0.000 | 0.000 |
| support_perc_new | 1948931 | 0.000 | 0.000 | 0.000 | 0.000 |
| lg_revenue | 2060120 | 11.457 | 1.026 | 9.998 | 14.831 |
| age | 2305833 | 11.400 | 10.182 | 1.000 | 55.000 |
| profit | 2058466 | 11842.310 | 31434.780 | -21985.030 | 225792.800 |
| lg_capi | 2060120 | 10.793 | 1.368 | 8.099 | 14.915 |
| lg_pergdp | 2059415 | 10.540 | 0.891 | 7.401 | 13.054 |
| pop | 2059738 | 531.027 | 239.863 | 15.970 | 1238.500 |
| peroverload | 2044803 | 12.992 | 8.016 | 0.000 | 442.950 |
| lg_assign | 1998096 | 5.842 | 1.563 | -3.507 | 9.450 |
| buy_land | 2310814 | 0.020 | 0.139 | 0.000 | 1.000 |
| finance_cost | 1876937 | 1.271 | 1.924 | 0.000 | 11.563 |
| lg_subsidy | 254817 | 5.768 | 2.086 | 0.000 | 9.072 |
| land_dis | 270070 | -0.2781023 | 0.7350555 | -0.9819437 | 3.114014 |

## 第四节 基础估计结果

### 一 基本结果

根据上文的理论分析,本章认为土地供给的增加会促进企业投资,而限制性的土地供给会抑制企业投资,本章先对这个基本假说进行验证。本章通过 OLS 方法估计了土地供给对制造业企业投资增速的影响,结果如表 4-3 所示。第(1)列、第(2)列、第(3)列、第(4)列分别报告了在控制了控制变量以及城市、年份、行业和所有制固定效应的情况下,建设用地出让面积、建设用地出让宗数、新增建设用地面积、建设用地供应面积对企业固定资产投资的影响。其中,所有解释变量对企业固定资产投资的估计系数均为正,且在统计意义和经济意义上均显著。这初步验证了本章的理论假说,土地供给的缩减会抑制企业的投资行为,即限制土地供给会导致企业投资下降。

表 4-3　　　　　　　　　　基础估计结果

| 变量 | (1) fix_rate | (2) fix_rate | (3) fix_rate | (4) fix_rate |
| --- | --- | --- | --- | --- |
| lg_area | 0.030*** (0.007) | | | |
| lg_splot | | 0.019** (0.009) | | |
| lg_area_new | | | 0.012** (0.005) | |
| lg_area_support | | | | 0.025*** (0.006) |
| lg_revenue | 0.045*** (0.004) | 0.046*** (0.004) | 0.046*** (0.004) | 0.045*** (0.004) |

续表

| 变量 | (1) fix_rate | (2) fix_rate | (3) fix_rate | (4) fix_rate |
| --- | --- | --- | --- | --- |
| age | -0.005*** | -0.005*** | -0.006*** | -0.005*** |
|  | (0.000) | (0.000) | (0.000) | (0.000) |
| profit | 0.000*** | 0.000*** | 0.000*** | 0.000*** |
|  | (0.000) | (0.000) | (0.000) | (0.000) |
| lg_capi | -0.002 | -0.002 | -0.001 | -0.002 |
|  | (0.003) | (0.003) | (0.003) | (0.003) |
| lg_pergdp | 0.108*** | 0.130*** | 0.142*** | 0.112*** |
|  | (0.036) | (0.034) | (0.040) | (0.035) |
| pop | 0.000** | 0.000*** | 0.000** | 0.000** |
|  | (0.000) | (0.000) | (0.000) | (0.000) |
| peroverload | 0.000 | 0.000 | 0.000 | 0.000 |
|  | (0.000) | (0.000) | (0.000) | (0.000) |
| 城市固定效应 | 控制 | 控制 | 控制 | 控制 |
| 年份固定效应 | 控制 | 控制 | 控制 | 控制 |
| 行业固定效应 | 控制 | 控制 | 控制 | 控制 |
| 所有制固定效应 | 控制 | 控制 | 控制 | 控制 |
| 样本数 | 876174 | 875884 | 788685 | 876757 |
| $R^2$ | 0.071 | 0.071 | 0.074 | 0.071 |

注：括号内为聚类到城市的 t 值；＊＊＊、＊＊分别代表在1%、5%的显著性水平上显著。

## 二 稳健性检验

### (一) 工具变量方法

在稳健性检验部分，本章先解决潜在的内生性问题。如上文估计方法所述，本章利用划拨土地作为土地供应量的工具变量，通过两阶段最小二乘的方法进行估计，估计结果如表4-4所示。第一阶段回归的 F 统计量均大于经验的临界值10，说明本章构建的工具变量不是弱工具变量。工具变量估计结果与基础估计结果相似，支持本章的基本假说。表4-4中第（1）列—第（4）列报告了二阶段最小二乘的估计结果，所对应的解释变量分别为建设用地出让面积、建设用地出让宗数、新增建设用地面积、建设用地供应面积，估计系数分别为0.078、0.098、0.054、0.033，均在1%的统计水平上显著。结果表明土地供给的增加有助于提升企业的投资增速，因此基础估计结果稳健。

表 4-4　　　　　　　　　　工具变量估计结果

| 变量 | （1）fix_rate | （2）fix_rate | （3）fix_rate | （4）fix_rate | （5）fix_rate | （6）fix_rate | （7）fix_rate | （8）fix_rate |
|---|---|---|---|---|---|---|---|---|
| lg_area | 0.078***<br>(0.021) | | | | 0.077***<br>(0.021) | | | |
| lg_splot | | 0.098***<br>(0.026) | | | | 0.098***<br>(0.026) | | |
| lg_area_new | | | 0.054***<br>(0.017) | | | | 0.053***<br>(0.017) | |
| lg_area_support | | | | 0.033***<br>(0.009) | | | | 0.033***<br>(0.009) |
| 企业控制变量 | 控制 | 控制 | 控制 | 控制 | 控制 | 控制 | 控制 | 控制 |
| 城市控制变量 | 控制 | 控制 | 控制 | 控制 | 控制 | 控制 | 控制 | 控制 |
| 城市固定效应 | 控制 | 控制 | 控制 | 控制 | 控制 | 控制 | 控制 | 控制 |
| 年份固定效应 | 控制 | 控制 | 控制 | 控制 | 控制 | 控制 | 控制 | 控制 |
| 行业固定效应 | 控制 | 控制 | 控制 | 控制 | 控制 | 控制 | 控制 | 控制 |
| 所有制固定效应 | 控制 | 控制 | 控制 | 控制 | 控制 | 控制 | 控制 | 控制 |
| 样本数 | 849860 | 849570 | 769416 | 850443 | 798975 | 798691 | 723811 | 799503 |
| $R^2$ | 0.071 | 0.069 | 0.072 | 0.072 | 0.071 | 0.069 | 0.072 | 0.071 |

注：企业控制变量包括企业产值、总资产、净利润和企业年龄，城市控制变量包括人均实际GDP、总人口和人均道路面积。括号内为聚类到城市的 t 值；***、**、*分别代表在1%、5%和10%的显著性水平上显著。下同。

考虑到建设用地划拨的增加可能会对建筑相关的行业产生正向

促进作用,因此会对排他性约束产生威胁。为了解决这一问题,本章剔除和建筑相关的行业(非金属矿物制品业、黑色金属冶炼和压延加工业以及金属制品业)后,对样本重新进行估计。第(5)列—第(8)列汇报了剔除建筑相关行业后的估计结果,估计系数分别为 0.077、0.098、0.053、0.033,均在 1% 的统计水平上显著。结果依旧保持稳健,进一步增强了对基础估计结果的信心。

(二)双重差分方法

为进一步解决潜在的内生性问题,本章采取寻找外生冲击的方法,利用双重差分的方法进行估计。

首先,考察城市进入低丘缓坡试点进而土地供给指标增加对企业投资增速的影响,同时考虑到土地的自然条件可能成为城市是否被纳入低丘缓坡试点的影响因素,本章利用倾向匹配得分的方法,为低丘缓坡试点城市匹配一组地理条件相似、更具可比性的样本,进而利用双重差分的方法对匹配后的样本进行估计。结果如表 4-5 所示,第(1)列报告了匹配双重差分得到的估计结果,估计系数为 0.047,在 5% 的统计水平上显著,说明土地供给的增加对企业的投资行为具有正向促进作用,基础估计的结果稳健。

表 4-5 双重差分估计结果

| 变量 | (1) fix_rate | (2) fix_rate | (3) fix_rate |
| --- | --- | --- | --- |
| dqhp | 0.047** (0.019) | | |
| east×post | | -0.030*** (0.010) | |
| middle×post | | | -0.011 (0.054) |
| 企业控制变量 | 控制 | 控制 | 控制 |
| 城市控制变量 | 控制 | 控制 | 控制 |

续表

| 变量 | (1)<br>fix_rate | (2)<br>fix_rate | (3)<br>fix_rate |
| --- | --- | --- | --- |
| 城市固定效应 | 控制 | 控制 | 控制 |
| 年份固定效应 | 控制 | 控制 | 控制 |
| 行业固定效应 | 控制 | 控制 | 控制 |
| 所有制固定效应 | 控制 | 控制 | 控制 |
| 样本数 | 341157 | 168183 | 25700 |
| $R^2$ | 0.074 | 0.079 | 0.067 |

其次，本章利用 2006 年《全国土地利用总体规划纲要（2006—2020 年）》的出台作为外生冲击，选取东部和中西部交界的城市作为样本，重新进行估计。第（2）列报告了这一估计结果，估计系数为-0.030，在 1%的统计水平上显著。这说明《全国土地利用总体规划纲要（2006—2020 年）》出台后，由于受到土地供给的限制，东部地区的企业投资相比之下受到更大程度的抑制。

为进一步说明上述结果源于东部相对于中西部土地供给受到限制，本章选取中部和西部交界的城市为样本重新进行估计，作为一个安慰剂检验。由于《全国土地利用总体规划纲要（2006—2020 年）》明确表明了限制东部地区的土地供给，但是没有提到对中西部的限制，因此中部和西部城市之间不应该出现政策处理效果。第（3）列报告了这一估计结果，估计系数不显著，第（2）列和第（3）列共同说明了企业投资受到土地供给的影响，而非板块间的差异。因此，上述估计结果进一步验证了本章的基础估计结果。

（三）替换指标

为进一步检验结果的稳健性，本章继续检验基础估计结果是否对变量的选择敏感。结果如表 4-6 所示，第（1）列—第（4）列分别报告了将解释变量替换为建设用地出让面积占全国比重、建设用地出让宗数占全国比重、新增建设用地面积占全国比重、建设用地供应面积占全国比重后的估计结果，估计系数均在 1%的统计水平上

表 4-6　替换指标后的估计结果

| 变量 | (1) fix_rate | (2) fix_rate | (3) fix_rate | (4) fix_rate | (5) lg_fix | (6) lg_fix | (7) lg_fix | (8) lg_fix |
|---|---|---|---|---|---|---|---|---|
| square_perc | 4.548*** (0.880) | | | | | | | |
| square_per_support | | 3.851*** (0.919) | | | | | | |
| square_perc_new | | | 3129.807*** (658.415) | | | | | |
| support_perc_new | | | | 2660.472*** (464.924) | | | | |
| lg_area | | | | | 0.095*** (0.019) | | | |
| lg_splot | | | | | | 0.049** (0.021) | | |
| lg_area_new | | | | | | | 0.034*** (0.013) | |
| lg_area_support | | | | | | | | 0.073*** (0.015) |

续表

| 变量 | (1) | (2) | (3) | (4) | (5) | (6) | (7) | (8) |
|---|---|---|---|---|---|---|---|---|
| | fix_rate | fix_rate | fix_rate | fix_rate | lg_fix | lg_fix | lg_fix | lg_fix |
| 企业控制变量 | 控制 | 控制 | 控制 | 控制 | 控制 | 控制 | 控制 | 控制 |
| 城市控制变量 | 控制 | 控制 | 控制 | 控制 | 控制 | 控制 | 控制 | 控制 |
| 城市固定效应 | 控制 | 控制 | 控制 | 控制 | 控制 | 控制 | 控制 | 控制 |
| 年份固定效应 | 控制 | 控制 | 控制 | 控制 | 控制 | 控制 | 控制 | 控制 |
| 行业固定效应 | 控制 | 控制 | 控制 | 控制 | 控制 | 控制 | 控制 | 控制 |
| 所有制固定效应 | 控制 | 控制 | 控制 | 控制 | 控制 | 控制 | 控制 | 控制 |
| 样本数 | 882294 | 882294 | 788685 | 819145 | 700936 | 700763 | 645665 | 701169 |
| $R^2$ | 0.072 | 0.072 | 0.074 | 0.074 | 0.473 | 0.472 | 0.475 | 0.473 |

显著为正。这说明相对全国，土地供给占比的增加也会提高企业的投资增速，进一步支持了核心假说。

本章也替换了被解释变量的衡量方式，即将被解释变量替换为利用企业实际固定资产总额计算得到的投资增速和新增的固定资产投资额。第（5）列—第（8）列报告了将被解释变量替换为固定资产原价后的估计结果，估计系数分别为 0.095、0.049、0.034、0.073，除建设用地出让宗数作为解释变量时在 5% 的统计水平上显著，其余结果均在 1% 的统计水平上显著。结果表明，改变被解释变量和解释变量的衡量方式并不会影响回归结果的稳健性，这进一步验证了本章的理论假说。

（四）改变样本区间

另外一个质疑来自工业企业数据库的数据质量，现有的一些文献质疑工业企业数据库中 2008 年之后数据质量较差（陈林，2018），因此本章剔除 2008 年及之后年份的数据，并对新的样本进行估计。结果如表 4-7 所示，第（1）列—第（4）列报告了被解释变量为企业固定资产投资，解释变量分别为建设用地出让面积、建设用地出让宗数、新增建设用地面积、建设用地供应面积的估计结果，估计系数分别为 0.014、0.010、0.006、0.015，分别在 5%、10%、10%、1% 的统计水平上显著，与基础估计结果一致，说明基础估计结果稳健。综上，上述稳健性检验均进一步支撑了本章的核心假说：企业的投资行为受到土地供给的影响，如果土地供给数量缩减将导致企业投资下降。

表 4-7　　　　　　　剔除 2008 年及之后年份样本的估计结果

| 变量 | (1) fix_rate | (2) fix_rate | (3) fix_rate | (4) fix_rate |
| --- | --- | --- | --- | --- |
| lg_area | 0.014** (0.005) | | | |
| lg_splot | | 0.010* (0.005) | | |

续表

| 变量 | （1）<br>fix_rate | （2）<br>fix_rate | （3）<br>fix_rate | （4）<br>fix_rate |
|---|---|---|---|---|
| lg_area_new | | | 0.006*<br>(0.003) | |
| lg_area_support | | | | 0.015***<br>(0.005) |
| 企业控制变量 | 控制 | 控制 | 控制 | 控制 |
| 城市控制变量 | 控制 | 控制 | 控制 | 控制 |
| 城市固定效应 | 控制 | 控制 | 控制 | 控制 |
| 年份固定效应 | 控制 | 控制 | 控制 | 控制 |
| 行业固定效应 | 控制 | 控制 | 控制 | 控制 |
| 所有制固定效应 | 控制 | 控制 | 控制 | 控制 |
| 样本数 | 387279 | 386989 | 307660 | 387862 |
| $R^2$ | 0.033 | 0.033 | 0.035 | 0.033 |

## 第五节 机制分析与异质性分析

### 一 机制分析

上述结果发现了限制土地供给会抑制工业企业投资，那么这种现象的原因是什么呢？根据上文的理论分析，其土地供给可以通过市场机制和政府行为两种机制影响企业的投资行为，具体可以总结为以下几个方面：第一，建设用地本身具有"准入许可"的属性，因此土地供给指标缩减会降低企业买地的机会，也就降低了企业投资新项目的机会；第二，地价上涨，以及其引致的房地产价格上涨会对工业企业投资产生挤出效应，拉高企业的融资成本；第三，土地供给量也会影响政府给予企业的补贴，既会影响政府直接给予企业的补贴金额，也会影响政府通过压低地价给予企业的"隐性补贴"。因此，本章的机制分析从以下几个维度展开。

## (一) 对企业购买土地行为的影响

本章首先根据企业的名称,将工业企业数据库和土地出让数据库匹配,土地出让数据来源于中国土地市场网,其提供了 2007 年以来每宗土地交易的信息,并且本章按照杨继东的方法对原始数据进行了清理(杨继东,2018)。然后,本章以企业是否买地为被解释变量(如果企业在当年买过地则赋值为 1,否则赋值为 0),估计了土地供给对企业买地行为的影响,结果如表 4-8 所示。第(1)列—第(4)列分别报告了建设用地出让面积、建设用地出让宗数、新增建设用地面积、建设用地供应面积对企业买地行为的影响,估计系数均为正且在 1% 的统计水平上显著。结果说明土地供给的增加,会促进企业购买土地的行为;反之,当土地供给减少时,企业会有更少的机会购买建设用地,因此,扩大生产规模的机会受限,企业的投资行为会因其受到抑制。

表 4-8　　　　　　　　土地供给对企业买地行为的影响

| 变量 | (1) buy_land | (2) buy_land | (3) buy_land | (4) buy_land |
| --- | --- | --- | --- | --- |
| lg_area | 0.010*** (0.001) | | | |
| lg_splot | | 0.007*** (0.002) | | |
| lg_area_new | | | 0.004*** (0.001) | |
| lg_area_support | | | | 0.006*** (0.001) |
| 企业控制变量 | 控制 | 控制 | 控制 | 控制 |
| 城市控制变量 | 控制 | 控制 | 控制 | 控制 |
| 城市固定效应 | 控制 | 控制 | 控制 | 控制 |
| 年份固定效应 | 控制 | 控制 | 控制 | 控制 |
| 行业固定效应 | 控制 | 控制 | 控制 | 控制 |

续表

| 变量 | (1) | (2) | (3) | (4) |
|---|---|---|---|---|
|  | buy_land | buy_land | buy_land | buy_land |
| 所有制固定效应 | 控制 | 控制 | 控制 | 控制 |
| 样本数 | 1504898 | 1504898 | 1485860 | 1504898 |
| $R^2$ | 0.026 | 0.026 | 0.026 | 0.026 |

## (二) 对企业融资成本的影响

本章继续验证限制土地供给是否会通过影响企业的融资成本进而抑制企业的投资。因此，本章估计土地供给对企业融资成本的影响，利用企业财务费用与总产值的商衡量企业的融资成本，以其作为核心被解释变量，和基础估计一致，以建设用地出让面积、建设用地出让宗数、新增建设用地面积、建设用地供应面积分别作为核心解释变量进行估计。结果如表4-9所示，各个核心解释变量的估计系数均显著为负，说明土地供给的增加，会显著降低企业的融资成本。因此，当土地供给减少时，企业融资成本提高，进而会抑制企业的融资行为。

表4-9　　　　土地供给对企业融资成本的影响

| 变量 | (1) | (2) | (3) | (4) |
|---|---|---|---|---|
|  | finance_cost | finance_cost | finance_cost | finance_cost |
| lg_area | -0.109*** <br> (0.019) |  |  |  |
| lg_splot |  | -0.074*** <br> (0.020) |  |  |
| lg_area_new |  |  | -0.049*** <br> (0.011) |  |
| lg_area_support |  |  |  | -0.087*** <br> (0.016) |
| 企业控制变量 | 控制 | 控制 | 控制 | 控制 |

续表

| 变量 | (1) finance_cost | (2) finance_cost | (3) finance_cost | (4) finance_cost |
|---|---|---|---|---|
| 城市控制变量 | 控制 | 控制 | 控制 | 控制 |
| 城市固定效应 | 控制 | 控制 | 控制 | 控制 |
| 年份固定效应 | 控制 | 控制 | 控制 | 控制 |
| 行业固定效应 | 控制 | 控制 | 控制 | 控制 |
| 所有制固定效应 | 控制 | 控制 | 控制 | 控制 |
| 样本数 | 1852962 | 1852504 | 1712324 | 1853615 |
| $R^2$ | 0.286 | 0.285 | 0.281 | 0.286 |

### （三）对企业接受补贴的影响

考虑到土地供给作为政府的关键政策工具，土地供给数量可能会通过直接或间接的渠道影响政府对企业的补贴，从而影响企业的资金状况和企业的投资行为。因此，本章估计了土地供给对企业直接接受政府补贴的影响，估计结果如表4-10所示。其中，当解释变量为建设用地出让面积时估计系数在1%的置信水平下显著为正，当解释变量为土地出让宗数、建设用地供应面积时，估计结果在10%的置信水平下显著为正，新增建设用地面积的估计系数虽不显著，但系数的符号方向与理论假说一致。这个结果在一定程度上可以说明，当土地供给数量增加时，企业接受的补贴会得到增加，因此企业的投资能力得到提升，可以进行更多的投资活动。

表4-10　　　　　　土地供给对企业接受补贴的影响

| 变量 | (1) lg_subsidy | (2) lg_subsidy | (3) lg_subsidy | (4) lg_subsidy |
|---|---|---|---|---|
| lg_area | 0.080*** (0.029) | | | |
| lg_splot | | 0.049* (0.026) | | |

续表

| 变量 | (1) lg_subsidy | (2) lg_subsidy | (3) lg_subsidy | (4) lg_subsidy |
| --- | --- | --- | --- | --- |
| lg_area_new |  |  | 0.020 (0.012) |  |
| lg_area_support |  |  |  | 0.058* (0.031) |
| 企业控制变量 | 控制 | 控制 | 控制 | 控制 |
| 城市控制变量 | 控制 | 控制 | 控制 | 控制 |
| 城市固定效应 | 控制 | 控制 | 控制 | 控制 |
| 年份固定效应 | 控制 | 控制 | 控制 | 控制 |
| 行业固定效应 | 控制 | 控制 | 控制 | 控制 |
| 所有制固定效应 | 控制 | 控制 | 控制 | 控制 |
| 样本数 | 211786 | 211754 | 189518 | 211813 |
| $R^2$ | 0.297 | 0.297 | 0.303 | 0.297 |

（四）对城市工业用地溢价的影响

土地供给数量除了会影响企业从政府获得的直接补贴，更为重要的途径是可以影响地方政府的土地出让行为，影响企业获得的间接补贴。为了验证这一机制，本章检验土地供给数量对地方土地溢价程度的影响，其可以通过实际出让价格与土地基准价格的差距来衡量，具体的计算公式为：土地溢价率=（实际出让价格-土地基准价格）/土地基准价格。然后，本章将基准回归的被解释变量替换为土地溢价率作为被解释变量，重新进行估计，结果如表4-11所示。第（1）列—第（4）列分别报告了建设用地出让面积、建设用地出让宗数、新增建设用地面积、建设用地供应面积对城市工业用地溢价率的估计结果，估计系数分别为-0.010、-0.015、-0.006、0.001，其中建设用地出让面积、建设用地出让宗数、新增建设用地面积的估计系数分别在1%、1%、5%的统计水平上显著。结果说明，限制地方政府的土地供给会提高土地的溢价率，因此企业通过低价拿地得到的隐性补贴会减少,进而企业的投资行为也会受到不利的影响。

表 4-11　　土地供给对城市工业用地溢价率的影响

| 变量 | (1) land_dis | (2) land_dis | (3) land_dis | (4) land_dis |
| --- | --- | --- | --- | --- |
| lg_area | -0.010*** (0.004) | | | |
| lg_splot | | -0.015*** (0.004) | | |
| lg_area_new | | | -0.006** (0.002) | |
| lg_area_support | | | | 0.001 (0.003) |
| 城市控制变量 | 控制 | 控制 | 控制 | 控制 |
| 城市固定效应 | 控制 | 控制 | 控制 | 控制 |
| 年份固定效应 | 控制 | 控制 | 控制 | 控制 |
| 行业固定效应 | 控制 | 控制 | 控制 | 控制 |
| 所有制固定效应 | 控制 | 控制 | 控制 | 控制 |
| 样本数 | 235420 | 235420 | 234589 | 235420 |
| $R^2$ | 0.344 | 0.344 | 0.344 | 0.344 |

注：城市控制变量包括人均实际 GDP、总人口和人均道路面积。括号内为聚类到城市的 t 值；***、** 分别代表在 1%、5%的显著性水平上显著。

## 二　异质性分析

正如上文所述,在区域协调发展战略的指导下,中央政府为了平衡区域间的发展差距,实施了限制东部地区土地供给、土地供给向中西部地区倾斜的配置模式。例如,在《全国土地利用总体规划纲要(2006—2020 年)》中明确提出对东部地区要"降低年均新增建设用地规模,控制城镇和工业用地外延扩张",而对中部地区要"适度增加年均新增建设用地规模,促进中部地区崛起",而且东部地区土地出让占比也逐年降低，说明这种区域间差异化的供地策略得到了落实。

因此，本章接下来考察土地供给对企业投资的影响是否在东部地区和其他地区存在异质性。本章分别将样本划分为东部城市和非东部城市，分别估计了建设用地出让面积对企业固定资产投资的影响，估计结果如表4-12所示。第（1）列、第（2）列报告了东部城市和非东部城市的估计结果，其中东部城市的估计系数为0.034，在1%的统计水平上显著；非东部城市的估计系数为0.007，在统计意义上不显著。因此，东部地区的估计系数在经济意义和统计意义上的显著性均高于其他区域，即东部地区投资对土地供给的弹性大于其他区域。

表4-12　　　　　　土地供给对企业投资的异质性分析

| 变量 | (1) fix_rate 东部样本 | (2) fix_rate 非东部样本 | (3) fix_rate 大城市 | (4) fix_rate 中小城市 | (5) fix_rate 民营企业 | (6) fix_rate 非民营企业 |
| --- | --- | --- | --- | --- | --- | --- |
| lg_area | 0.034*** (0.010) | 0.007 (0.012) | 0.033*** (0.011) | 0.040*** (0.008) | 0.043*** (0.008) | 0.011** (0.005) |
| 企业控制变量 | 控制 | 控制 | 控制 | 控制 | 控制 | 控制 |
| 城市控制变量 | 控制 | 控制 | 控制 | 控制 | 控制 | 控制 |
| 城市固定效应 | 控制 | 控制 | 控制 | 控制 | 控制 | 控制 |
| 年份固定效应 | 控制 | 控制 | 控制 | 控制 | 控制 | 控制 |
| 行业固定效应 | 控制 | 控制 | 控制 | 控制 | 控制 | 控制 |
| 所有制固定效应 | 控制 | 控制 | 控制 | 控制 | 控制 | 控制 |
| 样本数 | 596407 | 279767 | 612069 | 264105 | 569568 | 306606 |
| $R^2$ | 0.070 | 0.070 | 0.064 | 0.088 | 0.070 | 0.057 |

注：企业控制变量包括企业产值、总资产、净利润和企业年龄，城市控制变量包括人均实际GDP、总人口和人均道路面积。括号内为聚类到城市的t值；***、**分别代表在1%、5%的显著性水平上显著。

这个结果也可以从上文的理论分析框架进行一个简单的理解，即建设用地不仅具有"价格信号""补贴载体"的属性，还有一种

"准入许可"的属性。在东部地区，投资需求和投资供给都很旺盛，因此供给和需求的均衡解如果超过了土地供给决定的上界（对应到现实就是建设用地指标不够这种普遍现象），那么限制土地供给相当于直接限制了新投资的进入，此时不仅建设用地的"价格信号""补贴载体"属性会影响企业投资，建设用地的"准入许可"这个属性也会发挥重要作用。而在中西部地区，投资需求和投资供给不够充足，因此均衡解是内点解，那么土地供给只会通过"价格信号""补贴载体"两个属性影响企业投资，影响程度较小。

这个结果为中国投资率的下降提供了一个解释，即当前的土地供给方式限制了弹性较大的东部地区的土地供给，因此东部地区的企业投资产生了较大的下降，同时中西部的土地供给扩大，但是由于中西部的弹性较低，对企业投资的提升作用有限。因此，净效应表现为中国整体投资率的下降。

在现实中，中国的供地逻辑中也有一种"规模厌恶"的特征（余吉祥、沈坤荣，2019），即为了促进城市规模的均衡，政府会限制大城市的土地供给，而对中小城市有倾斜性供给。类似地，本章也将样本按照是不是大城市（人口大于100万人）进行分样本估计，结果如表4-12第（3）列、第（4）列所示，其报告了大城市和中小城市的估计系数分别为0.033、0.040，均在1%的统计水平上显著。这表明不同规模的城市中，企业的投资行为对土地供给的反应没有表现出明显的差别。

最后，本章考察企业所有制导致的异质性。本章将样本按照民营企业和非民营企业进行分样本估计，表4-12的第（5）列、第（6）列报告了民营企业和非民营企业的估计结果，估计系数分别为0.043、0.011，分别在1%和5%的统计水平上显著，因此，民营企业的估计系数的经济意义和统计意义都比非民营企业更加显著。其原因可能是民营企业相比非民营企业的信贷约束更为紧张，当受到土地供给缩减的不利冲击时，企业会受到更为直接和强烈的影响，因此民营企业的投资行为受到土地供给的影响更大。

## 第六节 本章小结

土地是连接政府行为和企业行为的纽带，土地供给对企业的投资决策有着重要的影响。为了给中国投资率下滑的现状提供一个解释，本章考察了土地供给对企业投资行为的影响。经验研究表明，限制土地供给会降低企业的固定资产投资增速，上述结果在工具变量估计、寻找外生冲击后双重差分估计等一系列稳健性检验下都保持稳健。本章还进一步分析了上述现象出现的原因，发现企业财务成本上升、企业得到的直接补贴和低价拿地获得的"隐性补贴"下降、企业购买土地建设新项目机会减少，均是限制土地供给会抑制企业投资的原因。本章也进行了异质性分析，发现土地供给对投资的影响在东部地区比较显著，而在其他区域较小。

结合当前中国限制东部地区土地供给，倾向中西部土地供给的现实情况，我们可以从土地供给的角度对中国整体的投资增速下滑提供一个解释，即当前的土地供给模式限制了弹性较大的东部地区的土地供给，所以东部地区的企业投资产生了较大的下降，同时中西部的土地供给扩大，然而由于中西部的弹性较低，中西部投资的提升无法补偿东部投资的下降，因此造成中国整体投资增速的下滑。

上述研究结论有明显的政策启示。

第一，应当充分认识到当前土地供给模式对企业投资行为的影响，特别是在不同区域影响程度的差异。这就意味着，如果当前的政策目标是稳定中国制造业企业的投资，改变区域间土地资源配置，增加东部地区土地供给则是一条可行之策。

第二，在利用土地供给作为政策工具进行宏观调控时，要更深入认识土地供给影响经济的内在机理，从而更好地发挥政策的作用。自 2003 年以来，土地供给作为政策工具被广泛地应用在宏观调控之中，例如 2003 年通过限制土地供给和改变土地出让方式，抑制投资过热问题，并且取得了很好的效果，此后土地供给作为政策工具也被广泛地用到了诸如支持落后地区发展等政策当中。本章的研究发现，不同区域中土地供给影响经济运行的机制存在差别，当限制区域经济过度集聚时，准入许可属性成为一种硬性约束，会发挥重要作用，因此可能产生良好效果；但是当刺激经济增长时，土地只能通过"价格信号"和"补贴载体"的机制发挥作用，其准入许可的属性发挥作用有限。

第三，本章的分析还引申出一个更深层次的问题，即土地供给对企业投资的影响程度取决于投资的供给与需求情况。这蕴含两个政策含义。一是当利用土地供给支持落后区域发展时，仅仅提升土地供给数量作用有限，更重要的是改变区域内在投资环境（供给与需求关系），这样土地政策才会起到催化剂的作用。二是密切关注东部区域投资环境的变化，本章发现东部地区土地政策效果明显的经济背景是东部地区经济活动旺盛，近年来东部地区也面临着巨大的经济下行压力，因此要利用土地供给提振经济，一定要把握住东部的经济环境。如果因为限制性的土地供给导致东部经济环境发生了改变，那么在投资的供给与需求关系发生结构性转变后，再恢复土地供给则可能错过经济发展的机遇期。

# 第五章

# 土地供给与企业创新

## 第一节 引言

中国的土地供给受到用途和数量的双向管制（刘守英，2018b）。在数量管制方面，一方面，地方政府土地供给数量会受到土地利用规划对建设用地总量和新增建设用地数量的限制。为了保护耕地以及限制建设用地无序扩张，国家颁布了《土地管理法》，实施耕地的"占补平衡"，严格限制耕地转化为建设用地。另一方面，每年度可出让的建设用地数量也受到中央政府分配指标的限制。国家实施了《土地利用年度计划管理办法》，对于每年各地方可以使用的建设用地总量作出了明确的规定，而在区域协调发展战略的指导下，中央政府限制东部地区的土地供给，实施倾向于中西部土地供给的政策（陆铭等，2015）。《全国土地利用总体规划纲要（2006—2020年）》中明确提出要"降低（东部地区）年均新增建设用地规模，控制城镇和工业用地外延扩张"，这种土地供给特征也表现在实际出让土地面积方面，例如，2004年东部地区建设用地出让54.4%，而到2016年这个比值下降到39.4%。

许多学者研究了土地供给对经济发展的影响，研究发现，当前的土地配置方式推高了东部地区工资（陆铭等，2015），抑制了企业生产率（李力行等，2016），造成了人口和住房的错配（余吉祥、沈坤荣，2019）并产生了"资源诅咒"的问题（Chen and Kung，2016）。上述研究对中国土地供给模式及其经济结果有很多洞见，但是却往往忽略了一个问题，那就是实施现行土地供给模式的政策初衷。当前区域间土地供给数量的差异是在区域协调发展的背景下形成的，其政策目的一方面是平衡东中西部的发展差距，另一方面是要实现经济发展方式的转变。《全国土地利用总体规划纲要（2006—2020年）》的"优化配置城镇工矿用地"一节中明确提出要"促进优化开发区域经济发展方式转变和产业结构升级，促进国家竞争力的提升"。因此，要客观评价当前土地供给模式，就需要从最初的政策目标出发，分析其对经济发展方式转变的影响。

创新发展是实现经济发展方式转变的重要途径，在熊彼特率先指出创新作为经济发展的动力源泉之后，许多学者对创新的问题进行了研究（辜胜阻，2019），与本章相关的文献主要围绕房地产价格对企业创新的影响展开，例如，王文春和荣昭（2014）研究发现，房地产价格的上升会抑制本地的创新，余泳泽和张少辉（2017）研究发现，房地产价格上涨的溢出效应也会影响周边城市的创新。一般而言，房地产价格抑制创新的原因在于房地产价格的提升会对工业企业的信贷产生不利影响（Chaney et al.，2012；Chen et al.，2015），也有文献认为，房地产价格的上涨会使企业更多地投资于房地产业，进而减少企业研发的投入（Miao and Wang，2014）。但是，另有文献认为，房地产价格的上涨可以使企业的抵押物价值上涨，从而使企业可以获得更加充裕的资金（Chaney et al.，2012；Gan，2007），因而可能使企业有更多的资源用于创新。然而，这些研究主要围绕着房地产价格进行，很少有文献从土地供给的角度切入。

本章主要关注土地供给数量变化是否会对企业创新行为造成影响。并且，本章也会进一步分析其影响机制，其原因在于，观测到的企业创新水平提升既可能是因为现有企业提升了自身的创新能力，又有可能是因为创新能力低的企业退出了市场，而究竟是哪种机制发挥作用决定着土地供给对区域内企业总体创新能力的影响方向。

本章利用工业企业申请专利的数据，研究了土地供给对工业企业创新的影响。研究发现，土地供给缩减会提高企业专利数量，上述结果经过一系列稳健性检验保持稳健。进一步分析发现，土地供给变化主要影响了参与创新的企业的广延边际（extensive margin），而不是企业创新的强度边际（intensive margin），即这种效果主要表现为促使更多的企业参与创新，而不是促使已经申请专利的企业申请更多专利。机制分析表明，"创新补偿效应"是上述发现的影响机制，而其他可能存在的"政府筛选效应""市场选择效应"并不显著。因此，限制土地供给对企业创新的影响，主要来自企业内生的发展动力，同时由于"市场选择效应"不显著，这个结论也代表着区域内企业总体创新能力的提升。另外，本章也对企业专利申请的种类、创新进行的方式进行了更细致的分析，发现土地供给变化对企业专利的影响主要反映在实用新型专利方面，从而更直接、有效地提升了企业的市场竞争力；此外，土地供给变化主要会影响企业独自申请专利的数量，即在土地引致的压力下，企业更倾向于进行内在的独自创新，但是并没有推动区域形成合作创新的创新网络。

本章的创新点和贡献可能在于以下几点。

第一，本章发现了现有土地供给模式对企业创新的促进作用，发现其在一定程度上实现了最初的政策目标。现有研究在评价当前的土地供给模式时，大部分指出了其中存在的弊端（Chen and Kung，2016；李力行等，2016；陆铭等，2015），而本章则从最初制定政策的目标出发，发现了当前土地供给模式对东部区域企业创新的促进作用，这在一定程度上实现了最初的政策目标。综上所述，当前的土地供给模式尽管存在种种弊端，但是也存在积极作用。因此，本章的结论对当前土地供给模式给出了一个更加综合的评价，也为未来土地供给模式的改革提供了更加丰富的依据。

第二，本章发现限制土地供给对创新的提升作用主要通过"创新补偿效应"实现,而政府的主动筛选和市场的选择效应作用有限。这个发现不仅从理论上识别出了土地供给影响企业创新的微观机制,更重要的是具备明确的福利含义,即土地供给起作用的方式不是通过将部分企业淘汰出市场,而是促使企业更多地投入创新,这源自企业的内生动力,代表着区域内总体创新实力的提升。因此从创新的角度,当前的土地供给模式带来了社会总福利的提升。

第三,本章的研究结果也可以对接到政策规制和创新的研究。现有相关研究主要集中在环境规制的波特假说方面(Acemoglu et al.,2012;Porter and Der Linde,1995),其认为在一定的政策环境下,严格的环境政策会倒逼企业创新。本章发现土地规制也有类似的效果。严格的土地供给政策也会对企业的创新具有促进作用,这说明波特假说不仅在环境领域成立,而且在土地等其他领域也广泛存在。这个结论为研究政策规制的经济影响提供了新的经验证据。

## 第二节 理论机制分析

土地作为影响企业选址、生产的重要因素,对企业的决策有着重要的影响,而其对企业创新活动的影响贯穿企业的整个生命周期。因此,本章从企业生命周期的视角切入,从企业初建期的区位选择、企业发展中期的创新决策和企业退出市场三个方面,研究土地供给数量的变化对企业创新行为的影响。

具体而言,土地供给数量影响企业创新的机制可能在于以下几个方面:第一,在地方政府"锦标赛"式的竞争压力下,地方政府有能力又有激励对于入驻企业进行主动筛选。因此,在面临更紧的指标约束时,地方政府可能会更倾向于将土地出让给高新产业,因此新生企业的创新能力较高。第二,对于在位企业,土地供给可以通过市场机制,通过成本压力和创新补偿等渠道影响企业的创新行为。第三,土地供给数量的变化也会通过市场选择效应影响企业的淘汰,将创新能力低的企业淘汰出市场,因此幸存的企业创新能力较强。下面对各个可能存在的机制进行详细论述。

## 一 土地供给影响新生企业:政府筛选效应

政府筛选效应的含义是当政府获得的土地指标降低时,地方政府会有潜在动机将稀缺的土地资源配给创新能力更强的企业,在这种主动筛选下,创新能力更高的企业获得建厂生产的机会可能更高。因此,土地供给缩减可以通过政府的主动筛选渠道,使当地企业的创新水平提升。

政府筛选效应存在的原因是,地方政府一方面肩负着推动地方经济发展的重任;另一方面也握有决定地区经济发展方向的权力,因此,地方政府有动力也有能力影响企业的入驻。一是地方政府有选择高技术、高效率企业入驻的动力。在中国 M 形的政治组织体系下,中央政府利用"锦标赛"激励地方政府进行竞争是中国自改革开放以来取得巨大成就的重要经验之一(钱颖一等,1993;周黎安,2004)。而地方政府为了实现经济的持续增长,同时也为了实现产业转型升级等政策目标,具有巨大的吸引优质、龙头企业的动力。例如,《广东省产业用地政策实施工作指引》中明确表明"符合国家和省发布的产业发展规划、产业促进政策中明确的重点产业……可优先纳入供应计划"①。二是地方政府具有对企业筛选的能力。企业在一个地区落地建厂需要经过层层审批流程,其中政府有多种途径对企业进行筛选,可能为一些企业提供优惠政策,吸引其入驻,也可能对于部分企业设置种种障碍,排斥其到本地生产。例如,以土地政策为例,首先,地方政府可以通过"以地引资"的手段吸引企业入驻(张莉等,2011),即政府通过压低土地价格,给企业提供优

---

① http://www.pkulaw.cn/fulltext_form.aspx?Db = lar&Gid = 21b4174f94ea008da5690fa1766fe93bbdfb&keyword = % e9% 87% 8d% e7% 82% b9% e4% ba% a7% e4% b8% 9a% 20%e5%9c%9f%e5%9c%b0&EncodingName = &Search_Mode = seg&Search_IsTitle = 0#.

惠的土地价格吸引企业入驻，而且对于政府特别想引入的企业，政府可能会提供更优惠的地价。其次，政府也可以利用土地政策对企业的排斥。地方政府通常会设计特定的程序，从而实现在土地出让过程中对企业的筛选。例如，在企业开工建设这个流程中，地方政府会通过层层审批将土地出让给特定行业的企业（杨其静等，2014），而且政府也会制定限制入驻的产业名录，通过规章制度实现对企业的主动筛选，如山东、浙江等省份都通过出台《限制用地项目目录》和《禁止用地项目目录》达到对入驻企业进行主动筛选的目的①。

当地方政府拥有的土地指标更为紧缺时，地方政府会更加审慎地利用宝贵的建设用地指标，试图将其配给实力更强、更能为地方发展带来助力的企业（王媛、杨广亮，2016）。同时在现实层面，在调研中也经常发现，地方政府会保留一部分用地指标，从而将其出让给更有潜力的企业。因此，在这种政府主动筛选机制下，更有实力、更高端的企业有更多的机会从选择中胜出，获得更多的拿地建厂的机会。而当政府具有充足的土地资源时，各类企业均有充足的机会建厂生产，即使创新能力不强的新生企业也会在土地指标充足的地方落地。

然而，尽管政府有动力也有能力筛选入驻的企业，但是，其筛选出的企业是否具有更高的创新能力仍有待检验。其原因在于：第一，政府主动筛选"优质企业"是为了地方经济增长和产业结构升级，这些筛选出的"优质企业"不一定都具有更强的创新能力。第二，在现实世界中，往往存在信息不对称等问题，这增加了政府识别企业创新能力的难度。综上所述，当政府可以识别出企业的能力，而且筛选出的优质企业具有更高的创新能力时，政府主动筛选效应

---

① http://www.pkulaw.cn/fulltext_form.aspx?Db=lar&Gid=8a1310e5c5aa59868234a9f6754c2c10bdfb&keyword=%e9%99%90%e5%88%b6%20%e7%94%a8%e5%9c%b0%20%e7%9b%ae%e5%bd%95&EncodingName=&Search_Mode=accurate&Search_IsTitle=0.

才会实际发挥作用。因此，政府主动筛选效应是否真正起效仍有待实证检验。

**二 土地供给影响在位企业：创新补偿效应和成本挤出效应**

限制土地供给对企业创新行为的影响也存在于现存企业行为的影响，这种影响主要体现为成本挤出效应和创新补偿效应。成本挤出效应指的是限制土地供给导致的企业经营成本上涨，从而可能挤出企业用于研发的投入；而创新补偿效应则类似于波特假说，其指的是企业在面临土地供给缩减时，可能会采取要素替代的策略，通过依靠技术创新替代土地管制带来的成本上升，因此可能促进企业的创新。

在成本挤出效应方面，土地供给数量影响着土地的价格，而土地价格不仅直接影响了企业建厂的成本，也会通过房地产、金融市场等渠道影响到企业的用工成本、融资成本等方面（黄玖立、冯志艳，2017）。因此，土地供给变化引致的价格上涨会通过直接或间接的途径推高企业的经营成本，企业经营成本的提高会压缩企业投入创新活动的资金，因而对企业的创新行为造成不利影响。现有研究大多证实了房价对企业创新的挤出效应（Chaney et al., 2012; Chen et al., 2015; 陈斌开等，2015; 余泳泽、李启航，2019; 张杰等，2016）。

而创新补偿效应主要考虑的是企业生产成本和企业创新成本之间的替代关系。与之类似的是广为人知的波特假说，其认为，在环境规制领域，严格的环境规制可能促使企业进行技术创新，从而降低环境规制带来的经营成本上升的不利影响（Porter and Der Linde, 1995）。现有研究从理论上论证了环境规制对技术创新的影响，认为在合理的政策组合下，严格的环保税可以促进企业创新（Acemoglu et al., 2012）。也有研究对波特假说进行了证实（曾义等，2016），研究发现，严格的环境规制有助于提升污染企业的创新投入水平，进而促进企业转型（郭进，2019），通过合适的政策工具，环境规制强度的提升可以倒逼企业提高研发强度（Hamamoto，2006）。

环境规制会促进企业创新的原因在于，在合适的规则制定下，企业为了实现利润最大化，可能会通过增加创新投入获得先进技术，以抵消政策规制带来的生产成本提升（Hamamoto，2006），如果这种创新补偿效应超过了成本因素带来的负面影响，则实现了对企业创新的净提升。上述创新补偿效应不仅存在于环境规制领域，其他影响企业成本的政策变化也存在类似的效果。例如，最低工资政策会影响企业用工成本，进而通过创新补偿效应倒逼企业创新（刘贯春等，2018）。研究发现，劳动力成本的上升，会促进企业的技术进步（Acemoglu，2010），利用中国数据的实证分析也发现，劳动力成本上涨会推动企业创新（程晨、王萌萌，2016）。

那么，土地供给变化导致的企业成本上升也应该存在类似的影响机制，即土地供给的限制，会造成区域土地价格的上涨，进而提升企业的经营成本，企业在成本上升的压力下，会采取创新替代的策略，增加创新的投入。因此，限制土地供给会倒逼企业进行创新。综上所述，土地供给变化对企业创新的影响存在成本挤出效应和创新补偿效应两种不同方向的机制，其最终的净影响取决于两种机制效果的强弱关系。

### 三　土地供给影响企业淘汰：市场选择效应

限制土地供给也会通过市场选择效应，促使生产率更低的企业淘汰出市场，从而在市场中留下生产率更高的企业。由于进行技术创新是提升企业生产率的重要手段，所以，经过市场的选择，创新能力更强的企业更有机会生存下来。因此，土地供给缩减会通过市场选择效应使现存企业的创新水平提高。

事实上，市场选择效应的研究近几年成了区域经济学者研究的重点（Behrens et al.，2014；Combes et al.，2012；Gaubert，2018；La Roca，2017），研究发现，大城市中激烈的竞争，使低效率企业退出市场，而高效率企业可以在市场中生存，这种选择效应是大城市生产效率较高的重要来源（Arimoto et al., 2014；Syverson, 2004；王永进、张国峰, 2016）。而且，这种选择效应也在各种其他领域发挥着作用，如研究表明环境规制、最低工资等政策变化都会通过将低生产率企业淘汰出市场，使存活在市场中的企业创新程度提高（王小霞等, 2018；徐彦坤、祁毓, 2017）。

现有的经验研究也发现了房地产价格变化对于企业的选择作用。例如，研究发现，房价上涨可以对城市中的企业进行"选择"，将低效率的企业挤出高房价的城市（余泳泽、李启航, 2019）。在土地价格方面，研究发现，土地价格上涨可能促使利润较低的工业部门转移出城市，通过选择效应实现城市产业结构的转变（中国经济增长前沿课题组等, 2011）。也有研究发现，工业用地价格上涨会带来生产率优势，而且这种优势的来源就是市场选择效应使低效率企业具有更低的进入率和更高的淘汰率（席强敏、梅林, 2019）。由于创新是提升企业生产率的重要方式，上述经验研究也暗示，在市场选择机制作用下，高地价区域的企业将有更高的创新水平。而土地供给是决定地价和房价的关键性因素（Davis and Heathcote, 2007），因此降低土地供给数量可以通过市场选择机制提升现存企业的创新。

当然，上述假说成立也存在一个隐含的前提假设，即土地供给数量对企业的选择效应主要通过土地价格这一个渠道。事实上，土地的"准入许可"属性可能对这个假定构成威胁。由于新企业只有获得了建设用地才能建厂生产，因此获取建设用地相当于得到了落地生产的准入许可。如果土地供给数量减少，相当于准入许可减少，限制了新生企业的进入，降低了市场的竞争强度，那么可能削弱城市中的市场选择效应。因此，土地供给量减少主要是通过价格机制还是"准入许可"机制影响城市企业的竞争强度，决定着市场选择效应是不是土地供给影响企业创新的机制。

综上所述，本章提出核心假说：限制土地供给可能倒逼企业创新，其影响机制在于政府筛选效应、成本挤出效应和创新补偿效应以及市场选择效应等方面。

## 第三节 识别方法与数据

### 一 估计方法

本章的核心研究问题是限制土地供给是否倒逼企业创新。为回答此问题,本章构建了控制时间和企业的双向固定效应模型,如(5-1)式所示:

$$y_{irt} = \alpha_0 + \beta_1 land_{rt} + \alpha X_{irt} + \delta_t + \mu_i + \epsilon_{irt} \tag{5-1}$$

其中,$y_{irt}$ 为衡量企业创新水平的核心被解释变量,$i$、$t$、$r$ 分别代表企业、时间和城市;$land_{rt}$ 为衡量城市土地供给的核心解释变量;$X_{irt}$ 为控制变量,控制了其他可能影响企业创新的城市和企业层面的因素;$\delta_t$ 为时间固定效应;$\mu_i$ 为企业固定效应;$\epsilon_{irt}$ 为随机扰动项。因为土地供给的数量受到上级政府分配的年度建设用地的指标限制,外生于企业的创新行为,因此 $\beta_1$ 可以解读为土地供给数量对企业创新行为的影响。

为了进一步解决可能存在的遗漏变量、反向因果导致的内生性问题,本章采取工具变量的方法进行估计。借鉴相关研究,本章选取城市土地的坡度作为土地供给数量的工具变量(李力行等,2016)。一个良好的工具变量要满足相关性约束和排他性约束两个条件。城市中的土地资源需要满足可用于建设的条件,而且要符合规划、环保等要求才可作为建设用地出让。而城市土地的坡度作为重要的地理条件,会影响城市土地的可利用性,一般而言,较为平坦的城市,可开拓平整为建设用地的土地较多,而坡度较高的城市,山地丘陵地形较多,可利用的建设用地资源较少,研究也发现,地形条件会影响土地出让(Chen and Kung,2016)。因此,土地的坡度与可以出让的建设用地在数量上紧密相关,满足工具变量的相关性约束。城市平均坡度满足排他性约束的原因在于,土地坡度作为一个自然决定的因素,人类经济社会因素对其影响很小,固定不变的城市地形不会对企业创新行为产生直接的影响（李力行等，2016）。因此，此工具变量满足排他性约束。

综上所述，城市土地的坡度满足排他性约束和相关性约束，可作本章的工具变量。但是，本章利用的是面板数据，而城市土地坡度不随时间变化，会被城市固定效应吸收掉。因此，本章借鉴相关文献的思路（Acemoglu et al., 2002），寻找一个与土地出让相关，但是与企业创新无关的随时间变化的变量，并将其与城市土地坡度相乘，构建最终的工具变量。具体而言，全国土地违法案件数与土地出让情况相关，但是不会影响到各个城市企业的创新，因此本章将其与城市土地坡度的乘积作为最终的工具变量。

此外，本章依据当前的土地供给制度，选取了城市中划拨的土地面积作为土地供应面积的工具变量。当前我国土地建设用地使用权的转让主要通过"招拍挂"、协议和划拨三种途径，其中《土地管理法》规定工业、商业、旅游、娱乐和商品住宅等各类经营性用地只能通过"招标、拍卖和挂牌"等方式出让；供应商业、旅游、娱乐和商品住宅等各类经营性用地以外用途的土地，其供地计划公布后同一宗地只有一个意向用地者的，可以通过协议的途径出让，而划拨的土地则主要用于国家机关用地，军事用地，城市基础设施用地，公益事业用地，国家重点扶持的能源、交通、水利等基础设施用地，法律、行政法规规定的其他用地，不会用作工业、商业等经营性用地。这种制度设计保证了以划拨土地数量作为工具变量满足了相关性约束和排他性约束，具体原因如下。

第一，城市划拨的建设用地与城市出让给制造业企业的建设用地共同受到城市当年土地供应指标的约束，因此，划拨的土地与供应给产业发展的土地相关，满足相关性约束。第二，划拨土地作为工具变量满足排他性约束的原因在于，以划拨方式转让的土地均是无偿转让，用于支持交通设施建设或者政府等公共事务建设，并不会直接转让给制造业企业，因此，不会直接影响企业的投资行为。第三，根据上文的理论分析，土地影响企业的途径主要是影响企业融资成本和政府补贴等渠道,而划拨用地不会配置给企业,和企业用地价格以及房地产发展不相关,不会通过成本途径影响企业投资。而且,划拨用地不会直接转让给企业,政府无法用其进行"以地引资",同时划拨用地为无偿转让,不会影响地方政府财政,综上其不会影响政府对企业的补贴。因此,划拨土地对企业投资行为的影响只能通过供应给企业的土地数量这一渠道,其满足排他性约束。

### 二 变量和数据

**(一) 核心被解释变量**

本章以企业申请的专利数目衡量企业的创新行为,其原因在于专利是创新的直接体现形式,国内外大量的研究利用专利来衡量创新的程度。而且,由于专利授予需要经过较为复杂的程序,专利的申请数可以更加可靠和及时地反映企业创新能力(黎文靖、郑曼妮,2016),因此,本章采用企业专利申请数作为核心被解释变量①,另外也在下文以专利的授权数进行稳健性检验。

具体而言,本章从总量、广延边际和强度边际三个方面,全方位地考察企业的创新行为。首先,从总量的角度,本章主要关注企业申请专利的总数,按照文献的一般做法,本章将企业申请专利数加1后取对数,作为最终的被解释变量。其次,本章关注企业创新行为的广延边际(extensive margin),即主要考察企业是否进行创新,因此本章将被解释变量设置为一个虚拟变量,如果企业当年有申请专利,则其赋值为1,否则为0。最后,本章也关注企业创新的强度边际(intensive margin),即给定已经进行创新的企业,研究土地供给是否会影响其申请专利的数量,在这部分分析中,本章仍然以企业申请专利数加1后取对数作为被解释变量,但是,估计的样

---

① 本章利用的工业企业数据库中新产品产值只有2007年以前和2009年有数据,研究开发费也只有2001年、2005年、2006年、2007年有数据。所以,本章无法利用新产品、研发投入等指标对企业创新的影响进行评价。

本仅选取申请专利数大于 0 的企业。

另外，中国专利有发明专利、实用新型专利和外观设计专利三类，其中，发明专利和实用新型专利是企业技术创新的成果，二者的差别是发明专利更关注创新性，实用新型专利更关注实用性（黎文靖、郑曼妮，2016），而外观设计专利反映企业在产品设计方面的创新，三种专利衡量了企业创新的不同方面，所以本章也分别把发明专利、实用新型专利和外观设计专利的申请数作为被解释变量进行估计。并且，本章也对企业创新的方式（是单独研发还是合作研发）进行了分析。详情参见下文异质性分析部分。

（二）核心解释变量

如上文介绍（5-1）式时所述，本章的核心解释变量为城市土地的供给数量，因此本章收集到每个城市各年土地供给和出让的数据作为核心解释变量[①]。具体而言，核心解释变量包括以下四个指标，即国有建设用地出让面积、新增国有建设用地出让面积、国有建设用地供应面积和城市建设用地出让面积占全国比重。

（三）控制变量

除了（5-1）式中包括的企业个体、年份的固定效应，本章还从城市和企业层面控制了一系列可能影响企业投资的变量，从而减少遗漏变量的问题。本章从经济发展水平城市规模、基础设施建设和产业结构等方面控制城市级别的控制变量，具体而言，其中包括人均实际 GDP、总人口、人均道路面积和第二产业产值占比。参考现有研究，本章控制了企业规模、经营情况和年龄等影响企业投资的变量（余明桂等，2016），其中包括企业产值、总资产、净利润和企业年龄。各变量的选择及计算方法如表 5-1 所示。

---

[①] 选取城市层面的土地供给数量作为核心解释变量的一个主要威胁是，城市建设土地的供给数量减少是否会降低供应给企业的土地数量。为此，本章利用中国土地市场网上公布的土地供给数据，分析了城市层面的土地供给数量与供应给企业的土地数量之间的相关关系，发现二者具有很强的正相关性，这在一定程度上缓解了对本章核心指标选择的质疑。

表 5-1　　变量选择及计算方法

| | 变量 | 符号 | 定义 |
|---|---|---|---|
| 企业层面 | 专利申请总数 | ln（patent_app） | 发明专利、实用新型专利和外观设计专利申请数之和加 1 取对数 [ln（个）] |
| | 是否申请专利 | patent_apply | 企业申请专利为 1，未申请专利为 0 |
| | 专利授予总数 | ln（patent_grt） | 发明专利、实用新型专利和外观设计专利授予数之和加 1 取对数 [ln（个）] |
| | 是否授予专利 | patent_grant | 企业被授予专利为 1，未被授予申请专利为 0 |
| | 发明专利申请数 | ln（patent_ai） | 发明专利申请数加 1 取对数 [ln（个）] |
| | 实用新型专利申请数 | ln（patent_au） | 实用新型专利申请数加 1 取对数 [ln（个）] |
| | 外观设计专利申请数 | ln（patent_ad） | 外观设计专利申请数加 1 取对数 [ln（个）] |
| | 发明专利授予数 | ln（patent_gi） | 发明专利授予数加 1 取对数 [ln（个）] |
| | 实用新型专利授予数 | ln（patent_gu） | 实用新型专利授予数加 1 取对数 [ln（个）] |
| | 外观设计专利授予数 | ln（patent_gd） | 发明专利、实用新型专利和外观设计专利申请数之和加 1 取对数 [ln（个）] |
| | 企业总产值 | ln（output） | 实际销售产值取对数 [ln（千元）] |
| | 企业利润 | profit | 实际利润（千元） |
| | 企业总资产 | ln（assets） | 实际总资产取对数 [ln（千元）] |
| | 企业研发支出 | ln（rd） | 企业研发支出对数 [ln（千元）] |
| | 企业人均研发支出 | ln（rd_pc） | 企业单位研发支出对数 |
| | 企业是否退出市场 | exit | 企业退出市场为 1，否则为 0 |
| 城市层面 | 城市总人口 | ln（population） | 总人口数取对数 [ln（万人）] |
| | 城市工业化程度 | pro_secondgdp | 第二产业产值/城市总产值 |
| | 城市人均道路面积 | road_pc | 人均道路面积（平方米/人） |
| | 城市人均 GDP | ln（gdp_pc） | 地区生产总值/总人口的对数 [ln（百万元/人）] |
| | 城市建设用地出让面积 | ln（leasing_area） | 国有建设用地出让面积对数 [ln（公顷）] |
| | 城市新增建设用地出让面积 | ln（leasing_new） | 新增国有建设用地出让宗数对数 [ln（公顷）] |
| | 城市建设用地供应面积 | ln（supply_aera） | 国有建设用地供应面积对数 [ln（公顷）] |
| | 城市建设用地出让面积占全国比重 | construction_ratio | 城市国有建设用地出让面积/全国国有建设用地出让面积 |
| | 城市土地坡度 | slope | 城市平均坡度（度） |

续表

| 　 | 变量 | 符号 | 定义 |
|---|---|---|---|
| 城市层面 | 专利密集型产业的土地出让宗数占比 | number_tech | 出让给专利密集型产业的土地宗数/城市土地出让总宗数 |
| 　 | 专利密集型产业的土地出让面积占比 | area_tech | 出让给专利密集型产业的土地面积/城市土地出让总面积 |

（四）数据来源

本章采用2001—2013年的面板数据，其中专利方面的数据来源于中国研究数据服务平台（CNRDS）的专利数据，企业方面的数据来自国家统计局的中国工业企业数据库，并且对原始数据按照现有文献的方法进行了清理（Brandt et al.，2011；聂辉华等，2012）。本章根据企业的名称，将工业企业数据库和专利数据库进行了匹配，因为专利数据库涵盖了中国所有专利的申请信息，所以如果专利数据库中没有某些企业的信息，则认为这些企业申请专利的数量为0，土地出让相关数据来源于《中国国土资源统计年鉴》，其余地级层面的数据来源于《中国城市统计年鉴》和EPS数据库。所用数据的描述性统计如表5-2所示。

表5-2　　描述性统计

| 符号 | 样本数 | 均值 | 标准差 | 最小值 | 最大值 |
|---|---|---|---|---|---|
| ln（patent_app） | 1876585 | 0.11 | 0.46 | 0.00 | 8.61 |
| patent_apply | 1876585 | 0.06 | 0.24 | 0.00 | 1.00 |
| ln（patent_grt） | 1876585 | 0.09 | 0.41 | 0.00 | 8.23 |
| patent_grant | 1876585 | 0.06 | 0.23 | 0.00 | 1.00 |
| ln（patent_ai） | 1876585 | 0.04 | 0.24 | 0.00 | 8.59 |
| ln（patent_au） | 1876585 | 0.07 | 0.34 | 0.00 | 6.28 |
| ln（patent_ad） | 1876585 | 0.03 | 0.25 | 0.00 | 6.99 |
| ln（patent_gi） | 1876585 | 0.01 | 0.13 | 0.00 | 8.21 |
| ln（patent_gu） | 1876585 | 0.06 | 0.32 | 0.00 | 6.39 |

续表

| 符号 | 样本数 | 均值 | 标准差 | 最小值 | 最大值 |
| --- | --- | --- | --- | --- | --- |
| ln（patent_gd） | 1876585 | 0.03 | 0.24 | 0.00 | 6.94 |
| ln（output） | 1876585 | 11.49 | 1.02 | 10.00 | 14.83 |
| profit | 1876585 | 12.23 | 31.85 | −21.99 | 225.79 |
| ln（assets） | 1876585 | 10.83 | 1.36 | 8.10 | 14.92 |
| ln（rd） | 523099 | 4.54 | 5.71 | 0.00 | 16.41 |
| ln（rd_pc） | 523091 | 2.39 | 3.16 | 0.00 | 13.05 |
| exit | 1876585 | 0.91 | 0.28 | 0.00 | 1.00 |
| ln（population） | 4361 | 1.76 | 0.12 | 1.02 | 1.98 |
| pro_secondgdp | 4361 | 48.26 | 11.12 | 9.00 | 90.97 |
| road_pc | 4067 | 9.27 | 7.13 | 0.00 | 108.37 |
| ln（gdp_pc） | 4321 | 10.27 | 0.83 | 7.11 | 13.06 |
| ln（leasing_area） | 4350 | 6.00 | 1.19 | −0.25 | 9.11 |
| ln（leasing_new） | 3627 | 5.36 | 1.54 | −3.51 | 8.66 |
| ln（supply_aera） | 4351 | 6.57 | 1.15 | 1.29 | 10.21 |
| construction_ratio | 3836 | 0.01 | 0.01 | 0.00 | 0.12 |
| slope | 4384 | 2.91 | 2.68 | 0.06 | 16.79 |
| number_tech | 2616 | 0.30 | 0.15 | 0.00 | 1.00 |
| area_tech | 2616 | 0.34 | 0.19 | 0.00 | 1.00 |

## 第四节　基础估计结果

### 一　基本结果

根据上文的理论分析，本章首先估计了土地供给对企业专利申请的影响，结果如表5-3所示。第（1）列报告了在控制年份固定效应、企业个体固定效应及一系列控制变量的情况下，建设用地出让面积对企业专利申请数量的估计结果，估计系数为−0.016，且在1%的置信水平下显著。这个结果，说明减少土地供给会显著增加企业专利申请的数量，因此核心假说得到了支撑，即限制区域中土地供给会倒逼企业创新。

表 5-3　　　　　　　　　　基础估计结果

| 变量 | (1) lg_pat_app | (2) lg_pat_app | (3) pat_app01 | (4) pat_app01 |
|---|---|---|---|---|
| lg_area | -0.016*** (0.002) | -0.002 (0.012) | -0.007*** (0.001) | -0.032*** (0.012) |
| lg_revenue | 0.017*** (0.001) | 0.060*** (0.010) | 0.010*** (0.001) | 0.297*** (0.012) |
| age | -0.001*** (0.000) | -0.005 (0.004) | -0.000** (0.000) | 0.003 (0.002) |
| profit | 0.000*** (0.000) | 0.000** (0.000) | 0.000*** (0.000) | -0.000*** (0.000) |
| lg_capi | 0.027*** (0.002) | 0.059*** (0.011) | 0.013*** (0.001) | 0.223*** (0.013) |
| pop | 0.000 (0.000) | 0.000** (0.000) | -0.000 (0.000) | -0.000 (0.000) |
| gdpproportion_second | -0.003*** (0.000) | -0.001 (0.002) | -0.001*** (0.000) | 0.002 (0.002) |
| peroverload | 0.000 (0.000) | 0.000 (0.001) | 0.000 (0.000) | 0.001 (0.001) |
| lg_pergdp | -0.005 (0.016) | 0.151** (0.065) | -0.008 (0.007) | 0.048 (0.070) |
| 企业个体固定效应 | 控制 | 控制 | 控制 | 控制 |
| 年份固定效应 | 控制 | 控制 | 控制 | 控制 |
| 样本数 | 1876585 | 89706 | 1876585 | 321997 |
| $R^2$ | 0.528 | 0.638 | 0.506 | |

注：括号内为聚类稳健标准误；\*\*\*、\*\* 分别代表在 1%、5% 的显著性水平上显著。第（3）列、第（4）列样本数不同的原因在于，面板 Logit 估计中自动剔除了一直有创新（一直未创新）的企业。

上面结果关注的是企业创新的总效应,接下来本章对企业创新的强度边际(intensive margin)和广延边际(extensive margin)进行分析。首先,限制土地供给对企业创新的强度边际影响较弱。第(2)列报告了只利用申请专利企业样本的估计结果,其代表了给定企业进行创新的条件下,土地供给的变化是否会影响企业专利申请的数量。如第(2)列所示,建设用地出让面积的估计系数为-0.002,系数符号方向与基本结果保持一致,但是在统计意义上不显著且经济意义也较小。这说明限制土地供给对已创新的企业专利申请数量影响较小,即对企业创新的强度边际影响较小。

接下来,本章考察企业创新的广延边际,即考察限制土地供给对企业是否进行创新的影响。为此,本章生成了一个虚拟变量,当企业有专利申请时赋值为1,无专利申请时赋值为0,并将其作为被解释变量进行估计。本章利用线性概率模型(PLM)和Logit模型进行了估计,结果分别报告在第(3)列、第(4)列之中,其中估计系数均在1%的统计水平上显著为负,说明限制土地供给会显著增加企业申请专利的行为。这个结果表明,土地供给的缩减会提升企业进行创新的可能性,即增加企业创新的广延边际。综上所述,本章的基础估计表明,限制土地供给会倒逼企业创新,其主要表现在对企业的广延边际影响较大,即是否创新的决策上,但是对企业创新的强度边际影响较小。

这个结果与现有关于政策规制导致成本上升从而对企业创新产生倒逼作用的研究结论一致。例如,大量关于波特假说的研究分析了环境规制导致的成本上涨对创新的倒逼作用(韩国高,2017)。另外,也有研究发现最低工资等劳动政策的倒逼作用(林炜,2013),而本章发现限制土地供给也有类似的作用。此外,本章结论可能与现有关于房价与创新的研究存在差异,这些差异的原因可能在于:第一,研究样本存在差异,目前此类研究大多是选用部分大中型城市的样本(王文春、荣昭,2014;余静文等,2015),或者是上市公司样本(余泳泽、张少辉,2017),而本章利用了全国地级以上城市中工业企业的数据为研究样本;第二,土地供给与房价影响企业创新的机制和途径也不尽相同,土地供给不仅会影响房价,也会直接对企业生产决策造成影响。

## 二 稳健性检验

### (一) 工具变量方法

为了缓解潜在的内生性造成的估计偏误,本章利用工具变量的方法进行估计。根据上文的估计方法,本章利用土地坡度和土地违法案件数相乘、土地划拨数量分别构造了两个土地出让面积的工具变量进行估计。其中,第一阶段回归的 F 统计量均大于经验的临界值 10,说明本章构建的工具变量不是弱工具变量。估计结果如表 5-4 所示。

表 5-4　　　　　　　　　　工具变量估计结果

| 变量 | (1) lg_pat_app | (2) lg_pat_app | (3) pat_app01 | (4) lg_pat_app | (5) lg_pat_app | (6) pat_app01 |
|---|---|---|---|---|---|---|
| lg_area | -0.070* (0.039) | 0.021 (0.235) | -0.056*** (0.020) | -0.048*** (0.007) | -0.020 (0.044) | -0.022*** (0.003) |
| 企业控制变量 | 控制 | 控制 | 控制 | 控制 | 控制 | 控制 |
| 城市控制变量 | 控制 | 控制 | 控制 | 控制 | 控制 | 控制 |
| 企业个体固定效应 | 控制 | 控制 | 控制 | 控制 | 控制 | 控制 |
| 年份固定效应 | 控制 | 控制 | 控制 | 控制 | 控制 | 控制 |
| 样本数 | 1865597 | 89386 | 1865597 | 1826704 | 87379 | 1826704 |
| $R^2$ | 0.526 | 0.638 | 0.501 | 0.531 | 0.637 | 0.511 |

注:估计中的控制变量与基础估计相同,包括企业层面的控制变量(企业总产值、企业年龄、企业利润、企业总资产)以及城市层面的控制变量(城市总人口、第二产业占比、人均道路面积、城市人均 GDP)。括号内为聚类稳健标准误;***、**、*分别代表在1%、5%和10%的显著性水平上显著。下同。

第(1)列—第(3)列报告了在控制了时间和企业个体固定效

应及一系列控制变量的情况下，利用土地坡度和土地违法案件数相乘作为工具变量的二阶段最小二乘估计结果，被解释变量分别为企业专利申请总数、进行创新的企业专利申请数量、企业是否申请专利，分别衡量了企业创新的总效应、强度边际和广延边际。结果和基础估计一致，被解释变量为企业专利申请总数和企业是否申请专利时，估计系数显著为负；而当样本为进行创新的企业时，估计数不显著。第（4）列—第（6）列报告了利用城市建设用地划拨数量作为工具变量的二阶段最小二乘估计结果，估计结果与基础估计结果基本一致。

总之，工具变量的估计结果表明，限制土地供给会对企业创新的总量产生正向作用，其主要体现在参与创新企业的广延边际上，但是对企业的创新强度边际影响较小，说明基础估计结果稳健。

（二）替换被解释变量

为进一步检验结果的稳健性，本章将被解释变量替换为专利授予数量，重新进行估计，结果如表5-5所示。第（1）列、第（2）列分别报告了在控制年份固定效应、企业个体固定效应及一系列控制变量的情况下，建设用地出让面积对所有企业专利授予数量、进行创新的企业专利授予数量的估计结果，估计系数分别为-0.016、-0.015，对于所有企业专利授予数量的估计系数在1%的统计水平上显著，对于进行创新的企业专利授予数量的估计系数不显著。第（3）列、第（4）列分别报告了利用线性概率模型和Logit模型的估计结果，估计系数分别为-0.008、-0.035，均在1%的统计水平上显著。结果表明，改变被解释变量的衡量方式并不会改变基础估计结果的结论，增强了对估计结果的信心。

（三）替换核心解释变量

接下来，本章替换解释变量土地供给的衡量方式，重新进行估计，以进一步检验结果的稳健性，结果如表5-6所示。本章分别将解释变量替换为新增建设用地出让面积、建设用地供应面积、建设用地出让面积占全国的比重，结果均与基础估计结果相似。这表明，替换解释变量的衡量方式同样不会改变基础估计结果的结论，进一步验证了本章基础估计的稳健性。

表 5-5　　　　　　　　替换被解释变量估计结果

| 变量 | (1)<br>lg_pat_grt | (2)<br>lg_pat_grt | (3)<br>grt01 | (4)<br>grt01 |
| --- | --- | --- | --- | --- |
| lg_area | −0.016*** <br>(0.002) | −0.015 <br>(0.011) | −0.008*** <br>(0.001) | −0.035*** <br>(0.013) |
| 企业控制变量 | 控制 | 控制 | 控制 | 控制 |
| 城市控制变量 | 控制 | 控制 | 控制 | 控制 |
| 企业个体固定效应 | 控制 | 控制 | 控制 | 控制 |
| 年份固定效应 | 控制 | 控制 | 控制 | 控制 |
| 样本数 | 1876585 | 82961 | 1876585 | 295822 |
| $R^2$ | 0.521 | 0.631 | 0.510 | |
| 企业个数 | | | | 47933 |

表 5-6　　　　　　　　替换解释变量估计结果

| 变量 | (1)<br>专利总数<br>ln(patent_app) | (2)<br>强度边际<br>ln(patent_app) | (3)<br>广延边际<br>patent_apply | (4)<br>广延边际<br>patent_apply |
| --- | --- | --- | --- | --- |
| Panel A 新增建设用地出让面积 | | | | |
| ln(leasing_new) | −0.011*** <br>(0.002) | −0.009 <br>(0.007) | −0.005*** <br>(0.001) | −0.054*** <br>(0.007) |
| 企业控制变量 | 控制 | 控制 | 控制 | 控制 |
| 城市控制变量 | 控制 | 控制 | 控制 | 控制 |
| 企业个体固定效应 | 控制 | 控制 | 控制 | 控制 |
| 年份固定效应 | 控制 | 控制 | 控制 | 控制 |
| 样本数 | 1717042 | 85381 | 1717042 | 289452 |
| $R^2$ | 0.539 | 0.640 | 0.521 | |
| Panel B 建设用地供应面积 | | | | |
| ln(supply_aera) | −0.012*** <br>(0.001) | 0.000 <br>(0.010) | −0.006*** <br>(0.001) | −0.021* <br>(0.011) |

续表

| 变量 | (1)<br>专利总数<br>ln(patent_app) | (2)<br>强度边际<br>ln(patent_app) | (3)<br>广延边际<br>patent_apply | (4)<br>广延边际<br>patent_apply |
|---|---|---|---|---|
| Panel B 建设用地供应面积 | | | | |
| 企业控制变量 | 控制 | 控制 | 控制 | 控制 |
| 城市控制变量 | 控制 | 控制 | 控制 | 控制 |
| 企业个体固定效应 | 控制 | 控制 | 控制 | 控制 |
| 年份固定效应 | 控制 | 控制 | 控制 | 控制 |
| 样本数 | 1877369 | 89733 | 1877369 | 322149 |
| $R^2$ | 0.528 | 0.638 | 0.506 | |
| Panel C 建设用地出让面积占全国比重 | | | | |
| construction_ratio | -1.660***<br>(0.282) | -0.836<br>(1.420) | -0.732***<br>(0.131) | -5.462***<br>(1.426) |
| 企业控制变量 | 控制 | 控制 | 控制 | 控制 |
| 城市控制变量 | 控制 | 控制 | 控制 | 控制 |
| 企业个体固定效应 | 控制 | 控制 | 控制 | 控制 |
| 年份固定效应 | 控制 | 控制 | 控制 | 控制 |
| 样本数 | 1888863 | 89981 | 1888863 | 323591 |
| $R^2$ | 0.528 | 0.638 | 0.506 | |

(四) 双重差分估计

此外，本章也用新版的《全国土地利用总体规划纲要（2006—2020年）》（以下简称《纲要》）的出台作为一个冲击对核心结论进行验证。《纲要》中明确表示"限制东部地区的建设用地供给，适当增加中西部地区的建设用地供给"。因此，可以基于《纲要》出台的时间前后和城市所属板块差异两个维度的变异，利用双重差分模型进行估计。同时，为了剔除板块自身演变差异的影响，本章只选取东部和中西部交界的样本进行估计（陆铭等，2015）。这些板块交界的城市具有相似的自然地理条件和更为接近的经济社会发展水平，具有更高的可比性。因此，本章利用这些样本对（5-2）式进行估计：

$$y_{irt} = \alpha_0 + \beta_1 post_t \times treat_r + \beta_2 post_t + \beta_3 treat_r + \alpha X_{irt} + \epsilon_{irt} \quad (5-2)$$

其中，$post_t$ 代表政策前后的虚拟变量，《纲要》出台之前取值为 0，之后取值为 1；$treat_r$ 代表是不是东部地区的虚拟变量，如果城市位于东部地区取值为 1，位于其他地区取值为 0；其他变量含义与（5-1）式相同。那么（5-2）式中，在同时控制了 $post_t$ 和 $treat_r$ 的情况下①，交互项 $post_t \times treat_r$ 的估计系数 $\beta_1$ 则代表了《纲要》出台后，东部地区土地供给指标缩减对企业创新的影响。

双重差分估计结果如表 5-7 所示。第（1）列—第（3）列报告了在控制了时间和企业个体固定效应及一系列控制变量的情况下，利用政策颁布前后，东部和中西部双重维度进行差分的估计结果，被解释变量分别为企业专利申请总数、进行创新的企业专利申请数量、企业是否申请专利，估计系数分别为 0.023、−0.067、0.011，除被解释变量为进行创新的企业专利申请数量外，估计系数均为正且在 1% 统计水平上显著。这说明《纲要》出台后，土地供给受到限制的东部地区企业的创新总量和广延边际得到提升，但企业创新的强度边际并未受到显著影响。这个结果支持了基础估计结果。

表 5-7　　　　　　　　　双重差分方法估计结果

| 变量 | (1) lg_pat_app | (2) lg_pat_app | (3) pat_app01 | (4) lg_pat_app | (5) lg_pat_app | (6) pat_app01 |
| --- | --- | --- | --- | --- | --- | --- |
| D1 | 0.023*** (0.008) | −0.067 (0.112) | 0.011*** (0.004) | | | |
| D2 | | | | 0.010 (0.014) | 0.087 (0.206) | 0.007 (0.009) |
| 企业控制变量 | 控制 | 控制 | 控制 | 控制 | 控制 | 控制 |
| 城市控制变量 | 控制 | 控制 | 控制 | 控制 | 控制 | 控制 |

---

① 实际估计中，本章控制了更为细致的城市固定效应和时间固定效应，即固定效应的控制与（5-1）式、（5-2）式相同。

续表

| 变量 | (1)<br>lg_pat_app | (2)<br>lg_pat_app | (3)<br>pat_app01 | (4)<br>lg_pat_app | (5)<br>lg_pat_app | (6)<br>pat_app01 |
| --- | --- | --- | --- | --- | --- | --- |
| 企业个体固定效应 | 控制 | 控制 | 控制 | 控制 | 控制 | 控制 |
| 年份固定效应 | 控制 | 控制 | 控制 | 控制 | 控制 | 控制 |
| 样本数 | 358145 | 16703 | 358145 | 58766 | 1267 | 58766 |
| $R^2$ | 0.520 | 0.604 | 0.503 | 0.522 | 0.652 | 0.490 |

另外，本章选取中部和西部的城市为样本，作为安慰剂检验，重新进行双重差分估计。由于《纲要》明确表明了限制东部地区的建设用地供给，但是没有提到对中西部的限制，因此中部和西部城市之间不应该出现政策处理效果。第（4）列—第（6）列报告了这一估计结果，估计系数均不显著，说明影响企业创新的因素是土地供给的限制，而非其他地区间差异。综上所述，上述双重差分的估计结果进一步验证了本章的基础估计结果。

## 第五节　机制分析与异质性分析

上述经验研究发现限制土地供给会倒逼企业创新，根据理论机制分析，这种影响可能存在不同的成因，包括政府筛选效应、创新补偿效应以及市场选择效应。本部分则重点对上述机制进行逐一检验。

### 一　机制分析

（一）政府筛选效应

政府筛选效应的含义是当政府获得的土地供给数量降低时，地方政府会有潜在动机将稀缺的土地资源配给创新能力更强的企业，因此，供给数量的缩减可以通过政府的主动筛选渠道，使当地企业的创新水平提升。本部分通过建设用地出让的结构对政府的筛选效应进行验证。其原因在于，土地是连接政府行为和企业行为的纽带，一方面，地方政府，可以通过土地的出让对企业进行筛选；另一方面，土地也是企业落地生产的必要因素，因此土地出让结构也可以反映进入市场的企业结构。

本部分将在出让建设用地中专利密集型产业所占的比重作为被解释变量，关注土地供给的变化是否会影响地方政府出让建设用地中专利密集型产业所占的比重。结果如表 5-8 所示，其中前三列汇报了被解释变量为专利密集型产业所占建设用地出让总宗数的比重，后三列汇报了被解释变量为专利密集型产业所占建设用地出让总面积的比重。结果表明无论是 OLS 估计还是工具变量估计，估计系数都在 5% 的置信水平下不显著，表明土地供给的缩减并没有导致政府出让更多的土地给专利密集型产业。

表 5-8　　　　　　　　　　政府筛选效应估计结果

| 变量 | （1）<br>OLS<br>n_high | （2）<br>坡度为<br>工具变量<br>n_high | （3）<br>划拨土地为<br>工具变量<br>n_high | （4）<br>OLS<br>area_high | （5）<br>坡度为<br>工具变量<br>area_high | （6）<br>划拨土地为<br>工具变量<br>area_high |
|---|---|---|---|---|---|---|
| lg_area | 0.000<br>(0.008) | 0.009<br>(0.126) | −0.011<br>(0.031) | −0.012<br>(0.010) | −0.044<br>(0.192) | −0.080*<br>(0.047) |
| 城市控制变量 | 控制 | 控制 | 控制 | 控制 | 控制 | 控制 |
| 城市固定效应 | 控制 | 控制 | 控制 | 控制 | 控制 | 控制 |
| 年份固定效应 | 控制 | 控制 | 控制 | 控制 | 控制 | 控制 |
| 样本数 | 2283 | 2283 | 2267 | 2283 | 2283 | 2267 |
| $R^2$ | 0.580 | 0.579 | 0.582 | 0.450 | 0.446 | 0.434 |

上述结果表明，缩减土地供给倒逼企业创新并不是源于政府的主动筛选效应。其原因在于，政府进行主动筛选是为了地方的经济增长和产业升级，会试图筛选出对当地带动能力更强的企业入驻，

而对于地方经济带动能力更强的企业可能与创新能力强、专利密集的企业并不一致。因此，土地供给的缩减并没有促使政府主动筛选出创新能力更强的企业入驻，即政府的主动筛选并不是本章核心假说成立的机制。

### （二）创新补偿效应

在面临土地供给限制时，企业可能通过转向技术创新以抵消生产成本的增加，也可能削减企业研发投入以抵消总成本的上涨，因此限制土地供给对企业创新行为的净效应需要实证检验。

为此，本章估计了建设用地出让面积对研发投入的影响，发现限制土地供给倒逼企业增加了创新投入，存在类似波特假说的作用机制。估计结果如表5-9所示，其中，第（1）列、第（2）列的被解释变量为企业研发支出，第（3）列、第（4）列的被解释变量为企业研发支出与企业产值的比值。结果表明，无论是OLS估计还是工具变量估计的系数均显著为负，说明土地供给的缩减会促使企业增加研发投入。这说明，与成本挤出效应相比，创新补偿效应的影响更大，即限制土地供给的净效应是增加企业的创新投入。综上所述，创新补偿效应是本章基础结果的一个影响机制，验证了波特假说在土地领域的存在。

表5-9　　　　　　　　　创新补偿效应估计结果

| 变量 | (1) OLS ln(rd) | (2) IV ln(rd) | (3) OLS ln(rd_pc) | (4) IV ln(rd_pc) |
|---|---|---|---|---|
| ln(leasing_area) | -0.519*** (0.043) | -1.082** (0.462) | -0.291*** (0.024) | -0.510** (0.254) |
| 企业控制变量 | 控制 | 控制 | 控制 | 控制 |
| 城市控制变量 | 控制 | 控制 | 控制 | 控制 |
| 企业个体固定效应 | 控制 | 控制 | 控制 | 控制 |
| 年份固定效应 | 控制 | 控制 | 控制 | 控制 |

续表

| 变量 | (1) OLS ln(rd) | (2) IV ln(rd) | (3) OLS ln(rd_pc) | (4) IV ln(rd_pc) |
|---|---|---|---|---|
| 样本数 | 466196 | 463367 | 466189 | 463360 |
| $R^2$ | 0.682 | 0.681 | 0.708 | 0.708 |

(三) 市场选择效应

市场选择效应是指土地供给紧缩会通过推高企业运营成本、强化企业竞争等途径，促使生产率更低的企业被淘汰出市场，从而在市场中留下生产率更高的企业。由于进行技术创新是提升企业生产率的重要手段，经过市场的选择后，创新能力更强的企业更有机会生存下来。因此，限制土地供给会通过市场选择效应使现存企业的创新水平提高。

目前，识别市场选择效应主要有以下两种方法：一是分析不同城市中企业生产率的分布特征。以研究城市规模对于不同生产率的企业影响为例，如果在大城市出现左侧断尾，说明大城市的竞争效应将生产率低的企业淘汰出局，证明市场选择效应存在（Combes et al., 2012；Saito and Gopinath, 2009）。二是参数估计。利用 Logit 模型分析关键因素对企业退出的影响（李磊等，2018；马光荣、李力行，2014），或者是将城市对企业的选择看作一个企业生存期的问题，利用生存模型（Cox 模型）研究关键因素对企业生存情况的影响，从而反映市场选择效应（席强敏、梅林，2019）。

本章采取 Cox 模型来识别土地供给对企业的市场选择效应。利用生存模型需要明确企业生存的状态，首先本章按照序贯识别法（Brandt et al., 2011），依照企业名称、法人代码、电话号码、地址和主要产品等信息，在不同年份间进行匹配，识别出企业在不同年份中的生存情况。接下来，定义企业的死亡，本章将企业从工业企业数据库中消失，并且在之后年份中也未出现，认定为企业死亡，即 Cox 模型中的失败事件发生。如果到样本期间最后一年（2013年），企业仍然存活，则认为企业无失败事件发生，因此样本具有右侧断尾的特征。

定义企业死亡事件后，本章可以对（5-3）式所示的 Cox 模型进行估计，从而探究土地供给和企业创新对企业死亡的影响。其中，$h(t|X)$ 表示企业的生存概率函数，其由其他变量同时为零时的基本危险率函数 $h_0(t)$ 和影响企业生存状态的其他变量共同决定，这些变量包括城市土地供给、企业创新情况和它们二者的交互项，以及控制变量 $X_{irt}$、年份固定效应 $\delta_t$ 和城市固定效应 $\mu_r$，$X_{irt}$ 的设定与基础估计模型中相同。那么在此设定下，土地供给的估计系数 $\beta_1$ 代表城市土地供给变化对企业被淘汰概率的影响，交互项前的系数 $\beta_2$ 则代表企业创新对土地供给影响的调节效应。

$$h(t|X) = h_0(t)\exp(\beta_1 land_{rt} + \beta_2 land_{rt} \times innovation_{it} + \beta_3 innovation_{it} + \alpha X_{irt} + \delta_t + \mu_r) \quad (5-3)$$

估计结果如表 5-10 所示。首先，考察土地供给数量对企业生存的影响，结果如第（1）列所示，土地供给数量的估计结果在统计意义上不显著，而且经济意义也较小。然后，考虑到 2008 年国际金融危机的冲击对企业的退出行为有明显的影响，而且政府为了刺激投资扩大了土地供给，本章对 2007 年前的样本进行了估计，结果如第（2）列所示，结果依旧不显著。这个结果说明，土地供给数量的变化对企业的退出影响较小。接下来，考察土地供给和企业创新的交互作用，本章将土地供给量、企业申请专利数和它们的交互项同时加入估计方程，结果如第（3）列所示。结果表明，申请专利数与土地供给的交互项不显著，说明土地供给数量对企业退出的影响并不因企业创新而产生差异。第（4）列用 2007 年前的样本进行了估计，估计结果相似。

上述结果表明，土地供给数量缩减并没有对企业产生显著的选择效应，而且企业的创新行为也没有缓解土地供给变化对企业退出的影响。其与现有相关研究相符，例如，现有文献在研究地价对不同效率的企业的选择效应时，虽然发现地价上涨对低效率企业的淘汰强度高于高效率企业，但是二者的估计系数相差极小（席强敏、梅林，2019），这与本章发现的土地供给数量对企业退出的影响并不因企业创新而产生差异的结论相一致。综上所述，市场选择效应并不是土地供给数量影响企业创新的机制。

表 5-10　　　　　　　　市场选择效应估计结果

| 变量 | （1） | （2） | （3） | （4） |
| --- | --- | --- | --- | --- |
|  | exit | exit | exit | exit |
| ln（leasing_area） | 0.021 | 0.001 | 0.020 | 0.001 |
|  | (0.024) | (0.022) | (0.024) | (0.022) |
| ln（leasing_area）× ln（patent_app） |  |  | −0.028 | −0.027 |
|  |  |  | (0.035) | (0.037) |
| ln（patent_app） |  |  | −0.185 | −0.211 |
|  |  |  | (0.250) | (0.260) |
| 企业控制变量 |  | 控制 |  | 控制 |
| 城市控制变量 |  | 控制 |  | 控制 |
| 年份固定效应 | 控制 | 控制 | 控制 | 控制 |
| 城市固定效应 | 控制 | 控制 | 控制 | 控制 |
| 样本数 | 653457 | 653457 | 653457 | 653457 |

其出现的原因可能在于，土地供给数量变化除了通过"价格信号"机制影响企业的退出，还会通过"准入许可"的渠道影响企业竞争强度，即如果城市建设用地供给量减少，相当于准入市场的新企业减少，降低了市场的竞争强度，可能削弱市场选择效应。因此，市场选择效应是不是土地供给影响企业创新的机制取决于"价格信号"机制和"准入许可"机制的净效果。而在现实中，二者的效应相互抵消，因此土地供给数量变化并没有对企业产生显著的市场选择效应。

## 二 异质性分析——创新补偿效应的间接证据

上述机制分析排除了政府主动筛选效应和市场选择效应两个竞争性假说，发现创新补偿效应是土地供给影响企业创新的一个机制。本章进一步考虑专利类型的异质性，为创新补偿效应提供间接的证据。

首先，本章考察企业专利类型的异质性。中国专利主要分为发明专利、实用新型专利和外观设计专利三大类。其中，发明专利和实用新型专利保护的是技术方案，它们的数量可以反映该企业的技术创新能力，而外观设计专利反映的是在产品外观方面的创新，并不体现技术创新水平。另外，发明专利的难度较大，创新的技术含量较高，而实用新型专利更关注实用性，技术难度较低，更容易转化成实用价值（黎文靖、郑曼妮，2016）。

估计结果如表5-11所示。其中，第（1）列—第（3）列报告了解释变量为建设用地出让面积，被解释变量分别为企业发明专利、实用新型专利、外观设计专利申请数量的估计结果，估计系数分别为-0.005、-0.011、-0.006，均在1%的统计水平上显著。这说明土地供给缩紧对各种创新行为都存在促进作用，而从经济意义上看，对实用新型专利的促进作用更大。这个结果也可以用企业的创新补偿效应来解释，即当企业面临土地价格引致的成本上升时，企业通过提升创新能力来应对成本上升的压力，提升企业的竞争力，因此，企业会将更多的资源配给到更简单、更实用的实用新型专利上，而对于难度较大、风险较高的发明专利，以及和技术无关的外观设计专利影响较小。第（4）列—第（6）列报告了被解释变量为专利授予数的估计结果，与上述分析一致。

这个结果间接印证了企业的创新补偿效应，即当企业面临土地价格引致的成本上升时，企业通过提升创新能力来应对成本上升的压力，提升企业的竞争力，因此，企业会将更多的资源配给到投入较少且更容易转化为生产力的实用新型专利上。总之，限制土地供给对实用价值较强的实用新型专利影响较大,而对难度较大、风险较高的发明专利,以及和技术无关的外观设计专利影响较小。

表 5-11　　　　　　　　　专利类型的异质性分析

| 变量 | (1)<br>lg_inv_app | (2)<br>lg_um_app | (3)<br>lg_des_app | (4)<br>lg_inv_grt | (5)<br>lg_um_grt | (6)<br>lg_des_grt |
| --- | --- | --- | --- | --- | --- | --- |
| lg_area | -0.005***<br>(0.002) | -0.011***<br>(0.002) | -0.006***<br>(0.002) | -0.004***<br>(0.001) | -0.011***<br>(0.002) | -0.006***<br>(0.002) |
| 企业控制变量 | 控制 | 控制 | 控制 | 控制 | 控制 | 控制 |
| 城市控制变量 | 控制 | 控制 | 控制 | 控制 | 控制 | 控制 |
| 企业个体固定效应 | 控制 | 控制 | 控制 | 控制 | 控制 | 控制 |
| 年份固定效应 | 控制 | 控制 | 控制 | 控制 | 控制 | 控制 |
| 样本数 | 1876585 | 1876585 | 1876585 | 1876585 | 1876585 | 1876585 |
| $R^2$ | 0.493 | 0.507 | 0.436 | 0.447 | 0.495 | 0.437 |

其次,本章分析企业创新的方式,重点考察土地供给缩减是否会促使企业间合作创新。表 5-12 报告了解释变量为建设用地出让面积,被解释变量分别为独自发明、合作发明的专利申请和授予数量的估计结果,独自申请的专利的估计系数为-0.015,而合作申请的估计系数为-0.001。这意味着,在土地引致的压力下,企业更倾向于进行内化的独自创新,并没有推动区域形成合作创新的创新网络。专利授予数量的估计结果与专利申请数量的结果相似,说明此结论稳健。

表 5-12　　　　　　　　　创新方式的异质性分析

| 变量 | (1)<br>lg_app_i | (2)<br>lg_app_j | (3)<br>lg_grt_i | (4)<br>lg_grt_j |
| --- | --- | --- | --- | --- |
| lg_area | -0.015***<br>(0.003) | -0.001**<br>(0.001) | -0.015***<br>(0.003) | -0.001***<br>(0.000) |
| 企业控制变量 | 控制 | 控制 | 控制 | 控制 |
| 城市控制变量 | 控制 | 控制 | 控制 | 控制 |

续表

| 变量 | (1)<br>lg_app_i | (2)<br>lg_app_j | (3)<br>lg_grt_i | (4)<br>lg_grt_j |
|---|---|---|---|---|
| 企业个体固定效应 | 控制 | 控制 | 控制 | 控制 |
| 年份固定效应 | 控制 | 控制 | 控制 | 控制 |
| 样本数 | 1876585 | 1876585 | 1876585 | 1876585 |
| $R^2$ | 0.519 | 0.471 | 0.514 | 0.461 |

总之，对企业创新行为的分析表明，对于不同类型的专利，无论是申请数量还是授予数量都受土地供给的影响，且对实用新型专利的影响更大。对企业创新的方式，独自发明受到土地供给的影响更大，而合作发明受到的影响较小。

## 第六节 本章小结

本章从产业技术提升的角度，分析了土地供给紧缩对企业创新的促进作用。经验研究表明，限制土地供给会增加企业的创新；进一步研究发现，这种效果主要表现为促使更多的企业参与创新，而不是提升已经进行创新企业的专利申请数量，即限制土地供给主要影响了参与创新企业的广延边际（extensive margin），而不是企业创新的强度边际（intensive margin）；上述结果在工具变量估计、寻找外生冲击后双重差分估计和替换变量衡量方式等一系列稳健性检验下都保持稳健。

本章还进一步分析上述现象出现的原因，在排除了政府筛选效应、市场选择效应后，本章发现创新补偿效应是限制土地供给倒逼企业创新的机制，即与波特假说类似，限制土地供给会提升企业的经营成本，企业在成本上升的压力下，会采取创新替代的策略，增加创新的投入。同时，本章排除了政府筛选效应和市场选择效应，这说明限制土地供给对企业创新的影响，主要来自企业内生的发展动力，而非外部的选择效应。而且，由于外部的选择效应不显著，限制土地供给并没有引起企业淘汰率的提升，因此本章发现企业个体创新能力的提升，意味着区域中企业总体创新能力的提升，即区域中限制土地供给可以提升区域中企业总体的创新水平，这个结论具有更加直接的政策含义。

本章也进一步对企业创新行为进行了更加细致的分析，发现限制土地供给对企业专利的影响主要反映在实用新型专利方面，这进一步支撑了创新补偿效应，即企业面临土地价格引致的成本上升时，会努力通过提升创新能力来应对成本上升的压力，因此，企业会将更多的资源配给到更简单、更实用的实用新型专利上，从而更直接、更有效地提升企业的市场竞争力。另外，通过对企业创新的方式的分析发现，限制土地供给主要影响企业独自申请专利的数量，对于企业合作申请专利的影响不大。因此，在土地引致的压力下，企业更倾向于进行内在的独自创新，但是并没有推动区域形成合作创新的创新网络。

综上所述，上述结论提供了一些政策启示。限制土地供给推动了企业向创新发展的转变，所以当前的土地供给模式客观上推动了中国经济向创新驱动的转变。因此，应当更加综合、全面地评价当前的土地供给模式。当前，许多研究论证了限制性的土地供给会引发人口和住房的错配、推高东部地区工资和房价、抑制企业生产率等问题。然而，当前限制性的土地供给，特别是限制东部地区土地供给的政策出发点是推动区域协调发展，并促进东部地区发展方式的转变。在《全国土地利用总体规划纲要（2006—2020年）》中也明确提出要"促进优化开发区域经济发展方式转变和产业结构升级，促进国家竞争力的提升"这个政策目标。本章的研究发现，当前土地供给的模式对实现这个政策目标是有效的。因此，在未来对土地供给方式进行改革时，一定要意识到这个配给模式的优点，从最初的政策目标出发，综合评价现有土地配给模式的优点与不足，从而全面地优化土地资源配置。

# 第六章

# 土地供给与产业结构转变

## 第一节　引言

　　制造业的发展对国家经济的长远发展至关重要，综观英国、美国等世界各主要经济体，成为"全球工厂"是其经济实力和综合国力领先全球的支撑。近年来中国制造业发展低迷，如图6-1所示，第三产业产值与第二产业产值的比值自2008年后不断上升，从2008年的0.91持续上升到2016年的1.30，之后基本保持在1.3左右；同样，第三产业固定资产投资与第二产业固定资产投资的比值也在不断上升。制造业与服务业的协调发展成为影响中国经济持续、高质量发展的关键问题（赵祥、曹佳斌，2017）。党的十九大报告指出，要"深化金融体制改革，增强金融服务于实体经济的能力"，因此现阶段保证制造业持续、高质量发展，缓解产业结构服务化问题至关重要。

　　要解决产业结构服务化、经济"脱实向虚"的问题，就要洞悉产业结构向服务业转变的原因。在宏观层面，经济学家很早就发现了随着经济的发展，产业结构存在由农业为主转变为以制造业为主，再转变为以服务业为主的趋势（Clark and Colin, 1953；Schultz,

1971），近年来也有研究认为当前经济的金融化趋势是一个世界性的问题（King，2016）。然而，当前中国经济中出现的"脱实向虚"问题的原因除了一般的经济规律，也有其独特的因素，总体上讲制造业利润率下降是一个重要的原因（王国刚，2018），金融市场和房地产市场的过度发展是导致这种现象的因素（孟宪春等，2018；彭俞超、黄志刚，2018）。

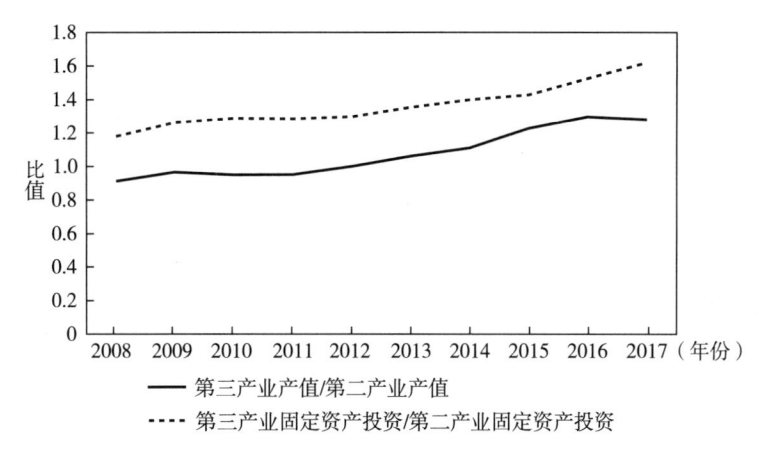

**图 6-1　2008—2017 年第三产业与第二产业产值和固定资产投资的比值**

资料来源：EPS 数据库。

在微观层面，企业追求利润是非金融企业金融化的根本动力（Demir，2008；Orhangazi，2008）。非金融企业通过金融渠道获利的增加是微观企业"脱实向虚"的动力（张成思、张步昙，2016），特别是股东价值论的兴起也促使企业更倾向于金融投资而非固定资产投资（Froud et al.，2000；张成思，2019）。除此之外，还有大量研究探索了推动微观企业向服务化、金融化转变的原因，研究发现经济环境的不确定性（Gulen and Ion，2015；胡奕明等，2017；彭俞超等，2018）、企业经营情况（胡奕明等，2017）、企业高管的个人特征（杜勇等，2019）均是重要的影响因素。

然而，现有研究主要是从宏观和微观两个层面对产业结构服务化和金融化进行研究，而从中观层面的研究相对较少（张成思，2019），特别鲜有文献从地方政府行为的视角，探究产业结构向服务业转变的原因。在中国的土地制度中，地方政府有权决定配置给不同产业的土地数量，而且与土地问题紧密相关的房地产市场对产业结构服务化有直接的影响（Iacoviello，2005；Miao et al.，2015），因此地方政府对产业结构的转变有巨大的影响。同时，地方政府也是连接宏观政策与微观企业行为的桥梁，在土地领域，地方政府的土地供给数量受到中央政府分配土地指标的限制（余吉祥、沈坤荣，2019），中央政府也积极将土地供给指标分配作为政策工具（闫昊生等，2019），采取限制东部地区土地供给、增加中西部土地供给的方式，平衡区域发展差距（陆铭等，2015）。那么，一个有趣的问题就是：如果上级给定的土地供给指标发生变化，是否会通过改变地方政府行为，进而对产业结构造成影响？

为此，本章借助低丘缓坡试点导致的土地供给指标增加这一外生冲击，利用双重差分的方法，重点回答了如下三个问题：限制土地供给是否会推动产业结构服务化？什么原因使地方政府在其中发挥作用？地方政府会通过什么途径发挥作用？结果表明，限制土地供给会促使区域产业结构转向服务化；地方政府对土地财政的依赖和土地集约化利用的压力是其推动产业结构服务化的原因；土地供给结构的转变是地方政府发挥作用的实施途径。

本章的创新点和边际贡献可能归结为以下几个方面。

第一，在问题上加深了对经济结构服务化的理解。当前研究的视角主要是从宏观趋势和微观企业两个维度入手（Harvey，2005；Krippner，2005；王国刚，2018；张成思，2019），本章将这类文献与研究中国土地制度（Deng et al.，2011；Lichtenberg and Ding，2009；刘守英，2018b；刘守英，2018a；陶然、汪晖，2010）的文献连接起来，为理解产业结构转变提供了一个新的视角。研究发现，上级政府缩减土地供给指标会促使地方政府供给更多的服务业用地，这推动了区域产业结构向服务业转变。综上，本章从地方政府供给土地的视角提供了产业结构服务化的一个中观维度的解释。

第二，为地方政府经营城市和制度对经济影响的理论研究提供了新的证据。在中国改革开放的进程中，地方政府之间锦标赛式竞争的体制起到了重要作用（周黎安，2004），地方政府采取经营城市的策略，从而通过上级政府的考核，实现地方官员的晋升。其中，土地是地方政府的重要资源，自然成为经营城市的重要工具（Grenadier，2005；周敏，2017），本章发现地方政府经营土地的一个后果是推动产业结构向服务化发展，而这个结果的根本动力是地方政府依赖土地财政的财税制度和提高土地集约化利用的用地制度。因此，这个结果也进一步印证了制度对经济的重要作用（Acemoglu et al.，2000；陆铭等，2018；杨瑞龙，1998）。

第三，本章的识别策略很好地解决了研究土地供给问题中普遍存在的内生性问题。目前相关研究往往是利用土地出让数据，然而这种数据代表的是供给和需求共同作用下的均衡结果，因此存在联立方程的偏误。本章主要识别策略利用了城市进入低丘缓坡试点导致用地指标的增加，并通过双重差分方法进行估计，这能够有效地克服内生性问题，实现更准确的评估。另外，本章也利用了土地供给的微观数据，分析地方政府的土地供给行为，为地方政府影响产业结构的实现途径提供了更加坚实的经验证据。

## 第二节　理论机制分析

土地既是企业的生产要素，又可以作为政府的政策工具，对区域产业结构变化有重要影响。一方面，土地是新生企业建厂生产的必要条件，决定着各个行业的企业是否能够在本区域落地，因此天然会影响区域的产业结构。另一方面，在中国的制度环境下，地方政府可以通过策略性地配置建设用地，从而推动区域经济更好发展，即出现所谓的"经营城市"行为。因此，土地又被赋予了产业政策工具、地方财政来源等政策属性,地方政府可以用其调控产业发展。

现有关于土地问题对产业结构影响的研究中,大量研究从土地财政的角度切入,得到了富有争议的结论。一是部分研究发现,土地财政使城市过度扩张,并且城市倾向于发展房地产等一般性的服务行业,从而出现过度服务化、产业结构虚高的情况(郭志勇、顾乃华,2013;赵祥、曹佳斌,2017)。二是部分研究借助地方政府差异化配置工业用地和服务业用地的视角,发现土地财政虽然有助于工业发展,但是会抑制服务业的发展(李勇刚、王猛,2015)。虽然这些研究得到的结论充满差异,但是这些研究共同说明了土地因素对于区域产业结构具有重要的影响。

在土地问题影响产业结构变化的各种因素中,土地供给数量是一个重要的方面。土地供给数量会通过价格等市场机制发挥作用,影响区域的产业结构。土地供给数量直接影响土地的价格,进而影响企业的运营成本,又因为不同产业受到成本的影响程度不同而存在差异(邵朝对等,2016),因此土地供给数量变化会通过"价格信号"机制对区域的产业结构造成影响;土地供给数量也直接影响着地方政府得到的土地出让金,进而通过"补贴载体"的机制影响产业结构。同时,土地供给数量是一个可以明确度量的变量,也是政府更为直接的政策抓手。更重要的是,由于地方政府经营城市的动机,土地供给数量也会通过影响地方政府行为,进而影响区域的产业结构。其原因具体如下。

一方面,地方政府具有利用土地供给影响区域发展的能力。在当前中国的建设用地制度下,建设用地受到用途和数量的双向管制(刘守英、杨继东,2019),地方政府年度可供给土地的数量受到上级政府分配的指标约束,但是在土地利用总体规划等政策法规的框架内,地方政府可以决定土地供给的结构(余吉祥、沈坤荣,2019)。《国有建设用地供应计划编制规范》中规定"市、县国土资源行政主管部门可按行政辖区、城市功能区、住房和各业发展用地需求、土地用途和供应方式,对国有建设用地供应计划指标进行分解"。总之，地方政府有能力通过决定土地供给的结构，影响产业结构。

另一方面，地方政府具有利用土地供给影响区域发展的动力。研究认为地方政府之间存在竞争关系，因此具有经营城市的动机（周敏，2017）。土地作为地方政府重要的政策资源，如何优化配置土地资源是经营城市的重要方面，此类研究也得到了大量实证研究的验证（Tao et al., 2010；孙秀林、周飞舟，2013；郑思齐等，2014）。因为地方政府是在上级政府给定土地指标的约束下，对用地结构进行配置，所以当外部给定的土地供给数量发生变化时，地方政府配置土地的结构会相应地发生变化，进而会影响到区域的产业结构。

那么，当区域土地供给数量发生变化时，地方产业结构将如何变化呢？根据服务业和制造业的内在差异，以及地方政府差异化的配置逻辑，假设区域面临土地供给缩减的冲击（如果土地供给增加同理），本章认为地方政府的土地供给方式将更倾向于促进产业向服务业转变。其原因可能存在如下。

第一，地方政府财政压力促使地方政府更倾向于将土地出让给服务业。当前，土地出让金是地方政府预算外收入的重要来源，一般预算收入往往仅能维持政府和相关行政事业单位的基本运转（雷潇雨、龚六堂，2014），而地方政府用于基础设施建设和推动地方经济发展的支出很大程度上依赖于土地出让金（葛扬、岑树田，2017）。当可出让的土地总量缩小时，在保证地方建设的财政收入的压力下，地方政府会更倾向于增加价格较高的住宅和商服等建设用地的出让数量，而牺牲工业用地的供给[①]。现有的实证法分析也支撑了这一论断，例如有研究发现在土地财政的压力下，服务业的比重上升（陈志勇、陈莉莉，2011）；也有研究发现在土地财政的刺激

---

[①] 这个现象与陶然等（2007）提出的"双二手"供地策略并不矛盾。双二手供地分析的是地方政府在工业用地和服务业用地的配置逻辑，分析的是土地供给的结构。而这里的分析则是在这个配置逻辑的基础上，当土地供给指标发生变化时，土地供给结构的变化情况。所以，二者之间并不存在矛盾。

下，房地产等消费性服务过度发展，导致产业结构虚高（郭志勇、顾乃华，2013b）。

第二，土地集约化利用的压力也会使地方政府在土地供给指标缩减时，更倾向于发展服务业。土地的集约化利用是当前土地利用政策的重点，如2012年国土资源部下发《关于严格执行土地使用标准，大力促进节约集约用地的通知》，2013年国土资源部出台《开展城镇低效用地再开发试点指导意见》，2014年国土资源部进一步颁布《节约集约利用土地规定》，这些文件都重点强调了加强土地的集约化利用，并且为地方政府提出了更高的集约化利用土地的新要求。由于服务业的集约化程度显著高于制造业（陈江龙等，2014），因此在土地集约化利用的导向下，当地方政府面临土地供给指标缩减时，地方政府也会更加追求土地集约化利用，会更倾向于发展服务业，这既能满足土地集约化利用的考核，也会使单位建设用地产出更大的价值。这个逻辑不仅与现有学术研究相符（陈伟等，2012），也与现在许多工业园出现服务化的倾向[①]的现实高度吻合。

综上，本章的核心假说如下：

假说1：限制土地供给会推动区域产业结构向服务业转变。

假说2：地方政府面临的土地财政压力和土地集约化利用压力是其推动产业结构服务化的动力。

假说3：地方政府可以通过改变土地供给结构，进而影响区域的产业结构。

## 第三节 识别方法与数据

### 一 估计方法

本章的研究问题是土地供给对区域产业结构服务化的影响，所

---

① http://js.people.com.cn/n2/2018/0928/c360301-32109499.html.

以最基本的估计方法是对（6-1）式的双向固定效应模型进行估计：

$$y_{rt} = \alpha_0 + \beta_1 land_{rt} + \alpha X_{rt} + \delta_t + \mu_r + \epsilon_{rt} \tag{6-1}$$

其中，$y_{rt}$ 是核心被解释变量，衡量产业结构服务化情况，$t$，$r$ 分别代表时间和城市；$land_{rt}$ 为核心解释变量，衡量土地供给情况；$X_{rt}$ 为控制变量，其具体设置情况参见下文；$\delta_t$ 为时间固定效应；$\mu_r$ 为城市固定效应；$\epsilon_{rt}$ 为随机扰动项。

尽管双向固定效应和控制变量可以在一定程度上解决内生性问题，但是仍然存在遗留变量、反向因果等原因导致的内生性问题。一般而言，经济发展水平较高的地区服务业发展较好，而同时在现行的土地配置方式中，经济发达地区的土地指标会受到更严格的控制（余吉祥、沈坤荣，2019），这可能对估计结果构成威胁。为解决这一问题，本章尝试寻找导致土地供给变化的冲击，利用双重差分的方法进一步进行估计。

2011 年之后推行的低丘缓坡试点为本章提供了一个良好的契机。当城市入选低丘缓坡试点后，可以利用的建设用地面积得到一个外生的增加（详见下文），这相当于土地供应量受到了一个向上的冲击。因此，本章可以利用双重差分的方法对（6-2）式进行估计：

$$y_{rt} = \alpha_0 + \beta_1 dqhp_{rt} + \delta_t + \mu_r + \alpha X_{rt} + \epsilon_{rt} \tag{6-2}$$

其中，$dqhp_{rt}$ 代表一个城市是否进入低丘缓坡试点的虚拟变量，其他变量的含义与（6-1）式相同[①]。那么，通过对（6-2）式进行估计得到的估计系数 $\beta_1$，代表进入低丘缓坡试点对城市产业结构的影响，可以视为增加土地供给对产业结构的因果效应。

## 二 低丘缓坡试点政策背景

低丘缓坡试点是指为了解决保护生态和保障发展的问题，国土资源部允许部分试点城市对高度在相对高差小于 200 米的低丘和坡

---

① （6-2）式中控制了时间和城市的双向固定效应，从而控制住了处理前、处理后、处理组、对照组的差异，因此结果可以解读成双重差分的结果。

度在 25 度以下的缓坡以及荒滩、沟壑等未利用地进行开发利用。中国实施了严格的耕地保护制度，为了保证耕地数量以及生态安全，国家对土地实施了用途上的管制，要求只有城镇建设用地才可用于工业、服务业的开发利用。然而，这些限制造成了部分区域发展空间受限，为了适应经济社会发展需要，缓解建设用地供需矛盾，国土资源部出台《低丘缓坡荒滩等未利用土地开发利用试点工作指导意见》（以下简称《指导意见》），开展低丘缓坡试点，允许试点城市对低丘缓坡荒滩等未利用土地进行开发利用。

根据《指导意见》，低丘缓坡试点的入选流程如下：首先，国土资源部根据是否存在相对大规模的低丘缓坡荒滩等未利用地，确定进入试点的省份；然后，试点省份制订试点工作方案，确定试点市县和项目，明确开发利用规模、各试点项目范围和建设期限；最后，试点项目需编制低丘缓坡荒滩等未利用土地开发利用专项规划，经国土资源部批准后方可实施。自 2011 年起国土资源部确定了浙江省等 16 个省份开始试点工作，并陆续批复了 74 个试点城市（州）的建设方案。

城市进入低丘缓坡试点后，其可供给的建设用地数量得到了增加。根据《指导意见》，满足条件的试点城市可以依法对土地利用总体规划进行修改，调整可利用建设用地的规模，国土资源部也规定可以根据试点城市的实际需要，单独安排低丘缓坡用地的指标。由于低丘缓坡试点为地方政府增加了宝贵的建设用地资源，因此得到了地方政府的积极响应。以云南省红河哈尼族彝族自治州为例，入选试点的 10 个县市编制了低丘缓坡专项规划，新增建设用地规模 1792 公顷。这说明在政策的实际执行过程中，确实增加了试点城市的土地供给[1]。

此外，根据地方政府的政策实施文件，本章并没有发现低丘缓

---

[1] 《抢抓机遇　探索创新　积极推进边疆民族地区低丘缓坡地开发》，详见 https://www.ndrc.gov.cn/xwdt/ztzl/xxczhjs/dfdt/201610/t20161017_972460.html.

坡试点的土地供给指标被用于发展特定的产业。以《兰州市低丘缓坡沟壑等未利用地综合开发利用试点项目耕地补充方案》为例，五个主要的试点项目分别为兰州市城关区青白石未利用地综合开发利用项目、碧桂园兰州新城项目、兰州市城关区三条岭未利用地综合开发利用项目、兰州生态文化创新城项目、五矿兰州钢铁物流园项目。其中，既有以服务业为主的项目，也有以工业为主的项目。这说明地方政府可以在合法合规的前提下，根据自身需要灵活设定这部分建设用地的用途。

综上所述，城市入选低丘缓坡试点后，其可以利用的建设用地面积得到相对外生的增加，即城市的土地供应量受到一个向上的冲击。因此，本章可以借助这一冲击，研究土地供给增加对于区域产业结构的影响。

### 三 变量和数据

由于本章核心关注的问题是区域产业结构向服务业的转变，因此核心的被解释变量设定为第三产业产值与第二产业产值的比值。另外，本章也采用第三产业产值占总产值比重作为另一个刻画产业结构由制造业转向服务业的指标，从而验证结果的稳健性。

本章的核心解释变量是城市是否进入低丘缓坡试点（$dqhp_{rt}$），该变量的认定方法如下：在一个城市得到国土资源部的认可，进入低丘缓坡试点之后的年份，$dqhp_{rt}$设定为1；对从未入选的城市和尚未入选的年份，$dqhp_{rt}$设定为0。另外，北京、上海、天津和重庆四个直辖市的政治、经济特征与其他城市存在较大差别，故本章剔除了这四个直辖市的样本。

控制变量包括一系列可能影响城市产业发展的变量，包括城市经济发展水平、城市规模、基础设施建设、人力资本和政府强度等方面。具体而言，本章控制了人均GDP、人均GDP的平方项、总人口的对数、道路面积对数、高校学生数占人口的比重和政府支出与GDP的比值等变量。

本章的数据来源如下。城市每年建设用地出让数据来源于《国土资源统计年鉴》，低丘缓坡试点数据来源于北大法宝、中国知网年鉴、中国知网政府文件这三类数据库及各省、自治区自然资源厅官网。具体收集方法为在上述数据库及网站中查找"低丘缓坡"关键词，逐条筛选各项搜索结果，整理出被国土资源部列入低丘缓坡试点的城市及试点开始的年份。其中，对同一个城市存在多个试点的情况，以最早被列入试点的年份为准。其他城市级别的变量来源于《中国城市统计年鉴》和国泰安数据库。最后，下文的分析中还利用了各年的土地出让微观数据，其从中国土地市场网上收集得到，并按照现有研究的方法进行了清理（杨继东，2018），即根据土地出让的电子编码和位置信息，删除了重复的样本；并进一步删除了总价（出让金额超过 255 亿元及非经营性用地超过 10 亿元）、面积（超过 500 公顷）异常的样本。变量的描述性统计如表 6-1 所示。

表 6-1　　　　　　　　　　描述性统计

| 变量 | 含义 | 样本数 | 均值 | 标准差 | 最小值 | 最大值 |
| --- | --- | --- | --- | --- | --- | --- |
| third_second | 第三产业产值与第二产业产值的比值 | 2527 | 0.819 | 0.403 | 0.094 | 4.111 |
| third_gdp | 第三产业产值占总产值比重 | 2527 | 37.114 | 8.774 | 8.580 | 76.350 |
| log（land） | 国有建设用地出让面积 | 2517 | 6.352 | 0.941 | -0.248 | 9.021 |
| log（land_new） | 新增国有建设用地出让面积 | 2485 | 5.810 | 1.108 | -0.357 | 8.664 |
| log（gdp_pc） | 人均 GDP | 2496 | 10.698 | 0.629 | 8.327 | 13.056 |
| log（population） | 总人口的对数 | 2526 | 5.851 | 0.671 | 2.923 | 7.244 |
| gov | 政府支出与 GDP 的比值 | 2528 | 0.146 | 0.105 | 0.009 | 1.485 |
| edu | 高校学生数占人口的比重 | 2483 | 5.740 | 1.115 | 0.104 | 7.952 |
| log（road） | 道路面积对数 | 2508 | -2.487 | 1.363 | -7.042 | 1.787 |
| landfis | 土地出让金占财政收入比重 | 2529 | 1.550 | 1.700 | 0.000 | 31.433 |
| far | 容积率下限 | 2527 | 0.811 | 0.353 | 0.000 | 3.748 |
| land_service | 服务业出让土地占比 | 2529 | 0.759 | 0.135 | 0.062 | 1.000 |

## 第四节 基础估计结果

### 一 基本结果

(一) 双向固定效应估计

根据理论假说1，限制建设用地供给会推动区域产业结构向服务业转变，即当限制土地供给时，区域产业结构中服务业占比会提高，本章在此部分进行实证检验。本章先利用最小二乘法，对土地供给和产业结构服务化之间的关系进行估计，从而给出一个初步的结果。结果如表6-2所示。第（1）列、第（2）列分别报告了在控制了城市、年份双向固定效应以及一系列控制变量的情况下，建设用地出让面积、新增建设用地面积对第三产业与第二产业产值比值的影响，估计系数分别为-0.030、-0.017，分别在1%和5%的统计水平上显著。第（3）列、第（4）列的被解释变量替换为第三产业产值占总产值比重，结果与第（1）列、第（2）列相似。基础回归结果在统计意义和经济意义上均显著，初步验证了本章的理论假说1，即限制土地供给会推动区域产业结构向服务化转变。

表6-2　　　　　　　　　基础估计结果

| 变量 | (1) serv_gdp | (2) serv_gdp | (3) proportionGDP3 | (4) proportionGDP3 |
| --- | --- | --- | --- | --- |
| lg_area | -0.030*** (0.010) | | -0.542*** (0.178) | |
| lg_area_new | | -0.017** (0.007) | | -0.453*** (0.137) |
| lg_road | -0.035** (0.015) | -0.035** (0.015) | -0.543** (0.267) | -0.536* (0.273) |
| lg_pergdp | -1.064*** (0.306) | -1.061*** (0.307) | -19.218*** (6.367) | -19.053*** (6.386) |

续表

| 变量 | (1) serv_gdp | (2) serv_gdp | (3) proportionGDP3 | (4) proportionGDP3 |
| --- | --- | --- | --- | --- |
| lg_pergdp2 | 0.040*** | 0.040*** | 0.699** | 0.695** |
|  | (0.013) | (0.013) | (0.279) | (0.280) |
| lg_TP | −0.093 | −0.115* | −2.950* | −3.554* |
|  | (0.066) | (0.066) | (1.785) | (1.818) |
| gov | −0.061 | −0.041 | −0.385 | 0.028 |
|  | (0.070) | (0.070) | (0.959) | (0.987) |
| edu | 0.007 | 0.006 | 0.033 | 0.038 |
|  | (0.006) | (0.006) | (0.108) | (0.110) |
| 城市固定效应 | 控制 | 控制 | 控制 | 控制 |
| 年份固定效应 | 控制 | 控制 | 控制 | 控制 |
| 样本数 | 2411 | 2383 | 2411 | 2383 |
| $R^2$ | 0.905 | 0.905 | 0.917 | 0.918 |

注：括号内为稳健标准误；***、**、*分别代表在1%、5%和10%的显著性水平上显著。

### (二) 双重差分估计

上述对 (6-1) 式的估计给出了土地供给与产业结构向服务业转变的一个基本关系，但是其可能存在内生性问题，而城市进入低丘缓坡试点为缓解这一问题提供了一个契机。本章将城市入选低丘缓坡试点视作一项准实验，根据上文的双重差分模型，估计了入选低丘缓坡试点对城市产业结构的影响，结果如表 6-3 所示。第 (1) 列、第 (2) 列报告了只控制城市和年份双向固定效应，但是不加入其他控制变量时，入选低丘缓坡试点对第三产业产值与第二产业产值的比值、第三产业产值占总产值比重的影响，其估计系数分别为 −0.044、−0.776，且均在 1% 的统计水平上显著。

另外，为了进一步降低遗漏变量的影响，本章加入城市自身的经济规模、发展水平、发展环境等因素的控制变量，重新估计了入选低丘缓坡试点的影响，结果如表 6-3 的第 (3) 列、第 (4) 列所示。估计系数分别为 −0.033、−0.446，分别在 1% 和 5% 的统计水平上显著。

因此，加入控制变量前后的估计结果一致，均证实城市入选低丘缓坡试点后，产业结构的服务化程度会降低。这个结果说明增加土地的供给会降低产业结构服务化程度，支持了本章的核心假说1。

表6-3　　　　　　　　　　双重差分估计结果

| 变量 | (1) serv_gdp | (2) proportionGDP3 | (3) serv_gdp | (4) proportionGDP3 |
| --- | --- | --- | --- | --- |
| dqhp | -0.044*** | -0.776*** | -0.033*** | -0.446** |
|  | (0.010) | (0.232) | (0.010) | (0.226) |
| 城市控制变量 | 未控制 | 未控制 | 控制 | 控制 |
| 城市固定效应 | 控制 | 控制 | 控制 | 控制 |
| 年份固定效应 | 控制 | 控制 | 控制 | 控制 |
| 样本数 | 2527 | 2527 | 2423 | 2423 |
| $R^2$ | 0.892 | 0.907 | 0.905 | 0.917 |

注：估计中的控制变量与基础估计相同，包括人均GDP、人均GDP的平方项、总人口的对数、道路面积对数、高校学生数占人口的比重和政府支出与GDP的比值。括号内为稳健标准误；***、**、*分别代表在1%、5%和10%的显著性水平上显著。下同。

## 二　稳健性检验

### （一）平行趋势检验

双重差分方法的一个重要假设就是处理组和对照组满足平行趋势假设，如果处理组和对照组的关键变量变化趋势不同，那么双重差分无法准确地估计出政策的处理效应。为进一步验证研究设计的有效性，本章对处理组和对照组的平行趋势进行检验。借鉴事件研究（event study）的方法，本章将（6-2）式中的入选低丘缓坡试点城市虚拟变量替换为代表城市入选试点第几年的虚拟变量，将（6-2）式改为（6-3）式的形式：

$$y_{rt} = \alpha_0 + \sum_{k=1}^{3} \beta_k B_k + \sum_{k=0}^{6} \beta_k' A_k + \alpha X_{rt} + \delta_t + \mu_r + \epsilon_{rt} \quad (6-3)$$

其中，$B_k$代表入选低丘缓坡试点的前$k$年，$A_k$代表入选低丘缓

坡试点后第 $k$ 年，其他变量含义与（6-1）式相同。这样，$B_k$ 和 $A_k$ 的估计系数则代表了城市入选低丘缓坡试点的动态效应。

估计结果如表6-4所示，其中，第（1）列、第（2）列汇报了只控制城市和年份双向固定效应，不加入控制变量的估计结果，第（3）列、第（4）列汇报了除控制双向固定效应外，又加入控制变量后的估计结果。估计结果表明，无论被解释变量是第三产业产值与第二产业产值的比值还是第三产业占总产值比重，事前虚拟变量的估计系数均不显著，说明政策之前处理组和对照组具有平行的趋势。

表 6-4　　　　　　　　　平行趋势检验

| 变量 | （1） third_second | （2） third_gdp | （3） third_second | （4） third_gdp |
| --- | --- | --- | --- | --- |
| B3 | 0.000 (0.022) | 0.363 (0.527) | 0.001 (0.023) | 0.450 (0.556) |
| B2 | -0.017 (0.022) | 0.059 (0.516) | -0.013 (0.021) | 0.162 (0.515) |
| B1 | -0.031 (0.022) | -0.440 (0.518) | -0.027 (0.022) | -0.334 (0.521) |
| A0 | -0.031 (0.021) | -0.399 (0.504) | -0.026 (0.021) | -0.172 (0.512) |
| A1 | -0.035 (0.022) | -0.413 (0.523) | -0.023 (0.022) | -0.020 (0.533) |
| A2 | -0.072*** (0.024) | -1.236** (0.548) | -0.057** (0.024) | -0.788 (0.553) |
| A3 | -0.104*** (0.027) | -1.735*** (0.599) | -0.078*** (0.027) | -1.088* (0.596) |
| A4 | -0.144*** (0.029) | -2.398*** (0.677) | -0.118*** (0.029) | -1.624** (0.690) |
| A5 | -0.030 (0.037) | -0.061 (0.873) | -0.033 (0.049) | 0.040 (1.238) |
| A6 | -0.045 (0.068) | -1.111 (1.250) | -0.061 (0.064) | -1.341 (1.185) |

续表

| 变量 | (1) third_second | (2) third_gdp | (3) third_second | (4) third_gdp |
|---|---|---|---|---|
| A7 | -0.096** | -0.533 | -0.086** | -0.176 |
|  | (0.046) | (1.054) | (0.040) | (0.946) |
| 城市控制变量 | 未控制 | 未控制 | 控制 | 控制 |
| 城市固定效应 | 控制 | 控制 | 控制 | 控制 |
| 年份固定效应 | 控制 | 控制 | 控制 | 控制 |
| 样本数 | 2527 | 2527 | 2423 | 2423 |
| $R^2$ | 0.893 | 0.908 | 0.905 | 0.918 |

此外，在入选低丘缓坡试点的第二年后估计系数均开始显著为负，且估计系数逐渐变大，这说明政策在时间维度有持续的动态效应。出现这样结果的原因可能是，城市被纳入低丘缓坡试点后，虽然可以获得更多建设用地指标，但从进入试点，到用地指标批复、项目落地再到开始生产会存在一定滞后性，因此两年之后政策效应才得以显现。综上所述，平行趋势检验的结果符合预期，表明本章的研究设计满足平行趋势假设，而且政策有持续的动态效应，基础估计的结果稳健。

（二）匹配双重差分方法

上述识别策略可能存在一个问题，即当上级政府确定低丘缓坡试点城市时，会考虑到城市的自然地理环境和经济发展水平，将具有更多的低丘缓坡的城市纳入试点，因此处理组和对照组城市之间可能存在系统性的差异，影响二者的可比性。为了增加处理组和对照组的可比性，本章采取 PSM-DID 的方法进行估计（Rosenbaum and Rubin, 1983; Rosenbaum and Rubin, 1984）。具体而言，本章根据城市是否曾经进入低丘缓坡试点将城市分为两组，即试点城市为处理组（$L_c$ 等于1），非试点城市为对照组（$L_c$ 等于0），利用 Logit 模型对（6-4）式进行估计，得到城市进入试点的概率 $P_c$，以其作为倾向得分，其中 $X_c$ 包括城市坡度、崎岖度等城市地理条件和代表经济发展水平的人均 GDP。根据估计得到的倾向得分，利用最近邻匹配的方法，为入选低丘缓坡试点的城市匹配对照组，再利用匹配得到的样本，重新对（6-2）式进行估计。

$$P_c = P_r\{L_c = 1 | X_c\} = \emptyset(X_c'\beta) \tag{6-4}$$

在估计之前，本章进行平衡性检验。匹配前后处理组和对照组倾向得分的核密度图如图 6-2 所示，在匹配前处理组和对照组样本的倾向得分存在重叠，满足共同取值假设，而在匹配后处理组和对照组样本倾向得分分布趋于一致，说明匹配的结果良好。因此，本章的匹配处理效果较好，可以有效地解决处理组和对照组城市特征差异对估计的影响，从而得到城市入选低丘缓坡试点导致的城市土地供给增加对城市产业结构的影响。

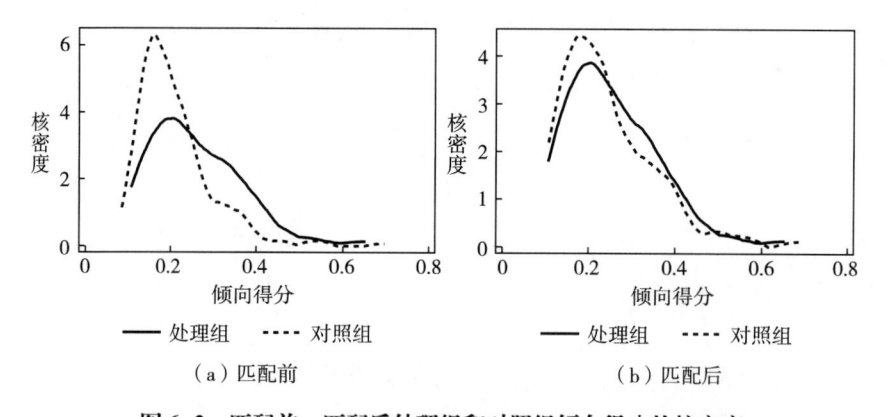

(a) 匹配前

(b) 匹配后

图 6-2　匹配前、匹配后处理组和对照组倾向得分的核密度

利用匹配后的样本进行双重差分的结果如表 6-5 所示。其中，第（1）列、第（2）列汇报了只控制城市和年份双向固定效应，不加入控制变量情况下，低丘缓坡试点对第三产业产值与第二产业产值的比值、第三产业产值占总产值比重的估计结果，估计系数分别为-0.063、-1.120，均在 1% 的统计水平上显著；第（3）列、第（4）列汇报了加入控制变量后的估计结果，估计系数分别为-0.053、-0.694，分别在 1%、5% 的统计水平上显著。估计结果说

明低丘缓坡试点带来的土地供给增加能够降低第三产业比重，进一步验证了本章的双重差分估计结果。

表 6-5 匹配双重差分估计结果

| 变量 | (1) serv_gdp | (2) proportionGDP3 | (3) serv_gdp | (4) proportionGDP3 |
|---|---|---|---|---|
| dqhp | -0.063*** | -1.120*** | -0.053*** | -0.694** |
|  | (0.015) | (0.299) | (0.014) | (0.284) |
| 城市控制变量 | 未控制 | 未控制 | 控制 | 控制 |
| 城市固定效应 | 控制 | 控制 | 控制 | 控制 |
| 年份固定效应 | 控制 | 控制 | 控制 | 控制 |
| 样本数 | 1259 | 1259 | 1206 | 1206 |
| $R^2$ | 0.864 | 0.909 | 0.884 | 0.921 |

（三）进一步控制官员晋升压力的影响

依据上文的理论机制分析，地方政府的经营城市行为是基础结果的影响机制，由于地方政府经营城市的一个重要原因是地方官员换届或政绩的压力，那么忽视这种晋升压力可能会造成基础估计的偏误。借鉴相关文献，本章利用官员的任职和年龄信息对官员压力进行控制，从而检验结果的稳健性。第一，官员任职时间的长短可能影响经营城市行为，通常在官员任期的第一年会增加服务业土地的供给，从而获取一次性的收益，因此本章生成了一个虚拟变量（first），当该年是市长任期的第一年赋值为 1，否则赋值为 0，并在基础估计中额外控制了这一变量。第二，研究官员晋升压力的文献认为年龄是影响官员晋升压力的重要因素，如果官员大于 56 岁则晋升机会较小（He et al., 2020），因此本章生成了一个反映市长年龄的虚拟变量（old），当市长大于 56 岁时赋值为 1，否则为 0，并将其在估计中进行了控制。第三，本章还直接控制了市长的任职时间（term）和年龄（age）。结果如表 6-6 所示，在控制了这些因素后，估计结果与基础估计相似，说明本章的核心结果稳健。

140　土地供给对区域产业发展的影响研究

表6-6　控制官员晋升压力估计结果

| 变量 | (1)<br>任期首年<br>third_second | (2)<br>任期首年<br>third_gdp | (3)<br>晋升机会<br>third_second | (4)<br>晋升机会<br>third_gdp | (5)<br>市长任期<br>third_second | (6)<br>市长任期<br>third_gdp | (7)<br>市长年龄<br>third_second | (8)<br>市长年龄<br>third_gdp |
|---|---|---|---|---|---|---|---|---|
| dqhp | −0.033***<br>(0.010) | −0.448**<br>(0.227) | −0.033***<br>(0.010) | −0.448**<br>(0.227) | −0.033***<br>(0.010) | −0.443*<br>(0.228) | −0.033***<br>(0.010) | −0.441*<br>(0.227) |
| first | 0.004<br>(0.006) | 0.020<br>(0.124) | | | | | | |
| old | | | 0.008<br>(0.009) | 0.147<br>(0.174) | | | | |
| term | | | | | −0.000<br>(0.002) | −0.000<br>(0.038) | | |
| age | | | | | | | −0.000<br>(0.001) | −0.014<br>(0.022) |
| 城市控制变量 | 控制 | 控制 | 控制 | 控制 | 控制 | 控制 | 控制 | 控制 |
| 城市固定效应 | 控制 | 控制 | 控制 | 控制 | 控制 | 控制 | 控制 | 控制 |
| 年份固定效应 | 控制 | 控制 | 控制 | 控制 | 控制 | 控制 | 控制 | 控制 |
| 样本数 | 2423 | 2423 | 2423 | 2423 | 2398 | 2398 | 2396 | 2396 |
| R² | 0.905 | 0.917 | 0.905 | 0.917 | 0.905 | 0.917 | 0.905 | 0.917 |

## (四) 安慰剂检验

为保证识别出的政策效应来源于城市入选低丘缓坡试点，而不是其他未观测到的因素，本章进行了一系列安慰剂检验。参考之前研究的做法（Chetty et al.，2007；黄张凯等，2016），本章采取如下方式进行安慰剂检验：因为从2011年起一共有4个年份国土资源部新增加了低丘缓坡的试点，每年在样本中新增加的城市数目分别为9个、41个、10个和8个，所以本章在2008—2016年9个年份中随机抽出4个年份作为假设的增加低丘缓坡城市试点的年份，在第一个假设的年份中，随机抽取9个城市作为假设的低丘缓坡试点，在第二个假设年份中，不放回地随机抽取41个城市作为假设的低丘缓坡试点，以此类推直到第4年，得到一个与基础估计数据结构相类似的"安慰剂"处理组。接下来用与基础估计相同的方法估计"安慰剂"处理组的处理效应，如果基础估计结果无误，那么"安慰剂"处理组的处理效应应当不显著并且接近于0。本章将上述过程重复500次，并对基础估计结果和安慰剂检验的估计结果进行比较。

结果如图6-3所示，图中的散点标出了安慰剂估计的估计结果，(a) 图的被解释变量是第三产业产值与第二产业产值的比值，(b) 图的被解释变量是第三产业产值占总产值的比重。垂直于x轴的直线标明了基础估计的估计值。"安慰剂"处理组的估计系数呈现出以

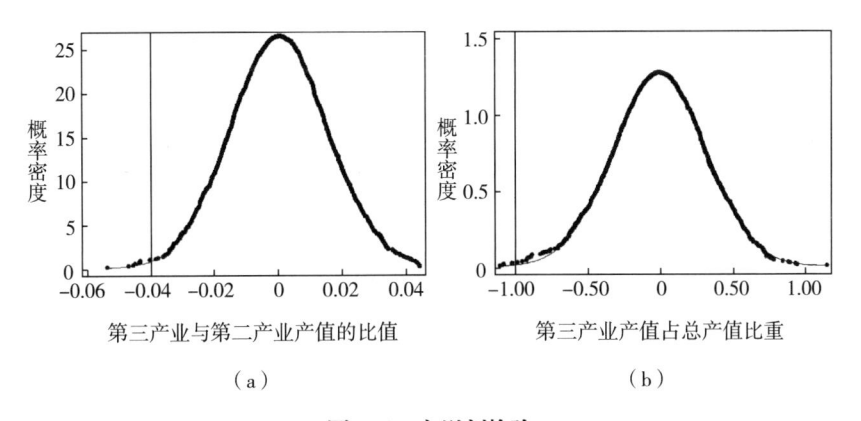

图 6-3 安慰剂检验

0为中心的、接近于正态分布的分布模式，而基础估计的估计值位于安慰剂估计分布的左侧尾端。这说明对实际政策效应的估计并非出于统计上的偶然，进一步支持了基础估计中得到的入选低丘缓坡试点会缓解产业结构服务化趋势的结论。

## 第五节 内在原因、作用途径和异质性分析

### 一 内在原因

基础估计结果验证了限制土地供给会促进区域产业结构向服务业转变，那么其内在的原因是什么呢？根据理论假说2，土地供给缩减推动产业结构服务化的动力可能是地方政府面临的土地财政压力和土地集约化利用压力，本部分对这一假说进行验证。

（一）土地财政依赖程度的影响

本章从调节效应的角度验证土地财政压力的影响。其思路是如果土地财政压力是一个影响机制，那么地方政府对土地财政依赖程度越高，土地供给对城市产业结构的影响也就越大。为了识别这个效应，本章对（6-5）式进行了估计。具体而言，在（6-2）式中进一步加入城市土地出让金占地方财政总收入的比重，其衡量了地方政府对土地财政的依赖程度及其和关键解释变量低丘缓坡试点的交互项，其中交互项 $dqhp_{rt} \times rate_{rt}$ 的系数 $\beta_1$ 代表了土地供给对城市产业结构服务化的因果效应是否受到土地财政的影响。

$$y_{rt} = \alpha_0 + \beta_1 dqhp_{rt} \times rate_{rt} + \beta_2 dqhp_{rt} + \beta_3 rate_{rt} + \delta_t + \mu_r + \alpha X_{rt} + \epsilon_{rt} \quad (6-5)$$

结果如表6-7所示。第（1）列、第（2）列报告了被解释变量是第三产业产值与第二产业产值比值时，利用全样本和通过倾向匹配得分后得到的样本的估计结果，交互项估计系数分别为0.013、0.015，均在1%的统计水平上显著。第（3）列、第（4）列将被解释变量替换为第三产业产值占总产值比重，交互项估计系数分别为0.334、0.381，均在1%的统计水平上显著。结果说明，如果地方政

府对土地财政的依赖程度提高，那么土地供给增加对产业结构服务化的缓解作用变小。换言之，地方政府对土地财政的依赖程度越高，缩减土地供给越会推进产业结构的服务化，这个结果也与现有研究相吻合（赵祥、曹佳斌，2017）。因此，地方政府的土地财政依赖是本章假说 1 成立的一个原因。

表 6-7　　　　　　　　　土地财政依赖程度的影响

| 变量 | (1) serv_gdp | (2) serv_gdp | (3) proportionGDP3 | (4) proportionGDP3 |
| --- | --- | --- | --- | --- |
| 样本 | 全样本 | 匹配样本 | 全样本 | 匹配样本 |
| inter_rate | 0.013*** | 0.015*** | 0.334*** | 0.381*** |
|  | (0.003) | (0.004) | (0.092) | (0.098) |
| rate | -0.005* | -0.009** | -0.110** | -0.197*** |
|  | (0.002) | (0.004) | (0.048) | (0.072) |
| dqhp | -0.057*** | -0.082*** | -1.057*** | -1.438*** |
|  | (0.013) | (0.018) | (0.296) | (0.361) |
| 城市控制变量 | 控制 | 控制 | 控制 | 控制 |
| 城市固定效应 | 控制 | 控制 | 控制 | 控制 |
| 年份固定效应 | 控制 | 控制 | 控制 | 控制 |
| 样本数 | 2423 | 1206 | 2423 | 1206 |
| $R^2$ | 0.905 | 0.885 | 0.917 | 0.922 |

（二）土地集约化利用的影响

在下文，本章利用类似的方法研究地方政府的土地集约化利用压力这一内在原因。由于地方政府面临土地集约化利用的压力，当地方政府的土地供给指标更少时，其会更加追求土地的集约化利用，而服务业利用土地的集约化程度更高，所以土地供给减少时，土地集约化利用的压力会推动城市产业结构转向服务业。

为了验证这一思路，如（6-6）式所示，本章在（6-2）式中进一步加入代表土地集约化利用程度的变量及其和关键解释变量低丘缓坡试点的交互项。其中，土地集约化利用的衡量指标为城市中出让建设用地的容积率下限①,其值越高说明对土地的容积率要求越高,土地集约化利用的程度也就越强。同样,交互项 $dqhp_{rt} \times far_{rt}$ 的系数 $\beta_1$ 代表了土地供给对城市产业结构服务化的影响是否受到土地集约化利用的影响。

$$y_{rt} = \alpha_0 + \beta_1 dqhp_{rt} \times far_{rt} + \beta_2 dqhp_{rt} + far_{rt} + \delta_t + \mu_r + \alpha X_{rt} + \epsilon_{rt} \qquad (6-6)$$

结果如表 6-8 所示,第(1)列、第(2)列分别报告了被解释变量为第三产业产值与第二产业产值的比值时,全样本和通过倾向匹配得分后得到的样本的估计结果,估计系数分别为 0.102、0.099,均在 1% 的统计水平上显著。第(3)列、第(4)列将被解释变量替换为第三产业产值占总产值比重,估计系数分别为 1.870、1.667,分别在 1%、5% 的统计水平上显著。结果说明,如果地方政府的土地集约化利用程度变高,增加土地供给对产业结构服务化的抑制作用变小。换言之,地方政府土地集约化利用的压力越大,缩减土地供给越会推进产业结构的服务化。因此,地方政府的土地集约化利用压力也是本章假说 1 成立的原因。综上所述,本章内在原因分析验证了理论机制分析中提出的假说 2。

表 6-8　　　　　　　　　土地集约利用的影响

| 变量 | (1) | (2) | (3) | (4) |
| --- | --- | --- | --- | --- |
|  | serv_gdp | serv_gdp | proportionGDP3 | proportionGDP3 |
| 样本 | 全样本 | 匹配样本 | 全样本 | 匹配样本 |
| inter_far | 0.102*** | 0.099*** | 1.870*** | 1.667** |
|  | (0.026) | (0.032) | (0.626) | (0.710) |
| far_down | -0.008 | -0.008 | -0.160 | 0.109 |
|  | (0.016) | (0.028) | (0.305) | (0.496) |
| dqhp | -0.135*** | -0.152*** | -2.310*** | -2.390*** |
|  | (0.029) | (0.037) | (0.679) | (0.789) |

---

① 数据来源于中国土地市场网的微观交易数据,数据中包括每宗土地的容积率下限,我们在城市—年份的层面求了平均值。

续表

| 变量 | (1) serv_gdp | (2) serv_gdp | (3) proportionGDP3 | (4) proportionGDP3 |
|---|---|---|---|---|
| 城市控制变量 | 控制 | 控制 | 控制 | 控制 |
| 城市固定效应 | 控制 | 控制 | 控制 | 控制 |
| 年份固定效应 | 控制 | 控制 | 控制 | 控制 |
| 样本数 | 2423 | 1206 | 2423 | 1206 |
| $R^2$ | 0.905 | 0.885 | 0.917 | 0.921 |

## 二 作用途径

上述结果表明，地方政府自身的土地财政依赖和土地集约化利用压力会影响缩减土地供给对产业结构服务化的推动作用。这暗示着地方政府的行为是土地供给变化会影响产业结构变化的原因，那么地方政府是如何影响当地的产业结构呢？正如上文所述，建设用地是地方政府重要的政策工具，地方政府会在上级给定的土地数量指标下，决定土地配置的结构。因此，本章推测地方政府的土地供给行为是一个重要的作用途径。

因此，本章从中国土地市场网上收集了2007—2016年中国城市建设用地出让数据，并计算出了出让给服务业的土地宗数占总宗数的比重[①]，以此为被解释变量进行估计。在控制了基础估计中的控制变量和城市、时间的双向固定效应之后，本章分别将建设用地出让面积、新增建设用地面积作为核心解释变量进行了估计，另外也利用双重差分的方法，用全样本和匹配样本估计了城市进入低丘缓坡试点对土地供给结构的影响。结果如表6-9所示，所有的核心解释变量的估计系数均显著为负，说明土地供给数量的增加（包括城市

---

① 选择宗数比例而非面积比例是由于土地出让宗数直接衡量了城市中落地的项目数，一般而言一宗土地出让代表着一个新的项目落地。而如果以面积衡量则会混杂不同行业对土地面积利用率不同的因素。因此，宗数比例是一个更好的衡量指标。现有研究也支持这一论断（徐升艳等，2018b）。

进入低丘缓坡试点导致的指标增加），会降低地方政府将土地供给到服务业的比重。

表 6-9　　土地供给数量对土地供给结构的影响

| 变量 | （1） | （2） | （3） | （4） |
| --- | --- | --- | --- | --- |
|  | n_ser | n_ser | n_ser | n_ser |
| lg_area | -0.025*** <br> (0.006) |  |  |  |
| lg_area_new |  | -0.021*** <br> (0.005) |  |  |
| dqhp |  |  | -0.015* <br> (0.008) | -0.019** <br> (0.010) |
| 城市控制变量 | 控制 | 控制 | 控制 | 控制 |
| 城市固定效应 | 控制 | 控制 | 控制 | 控制 |
| 年份固定效应 | 控制 | 控制 | 控制 | 控制 |
| 样本数 | 2413 | 2385 | 2425 | 1207 |
| $R^2$ | 0.639 | 0.648 | 0.638 | 0.652 |

这个结果支持了本章的假说 3，即减少城市中建设用地供给，会促使地方政府供给更多的土地给服务业，进而造成城市中产业结构的服务化。其原因在于，地方政府有经营城市的行为，在外部给定的土地指标下，地方政府可以决定土地配置结构，从而最优化其目标。当外部给定的土地指标减少时，地方政府在财政压力下倾向于将土地配置到土地价格更高的服务业中，在集约化利用的压力下倾向于将土地配置到集约程度更高的服务业中。这将共同导致地方政府倾向于增加服务业的土地供给，而服务业土地供给的增加则推动了区域产业结构向服务业转变。

### 三　异质性分析

为进一步研究土地供给对区域产业结构服务化影响的异质性，

本章分别将样本划分为东部城市和非东部城市、高级别城市和非高级别城市，并分别估计了入选低丘缓坡试点对第三产业产值和第二产业产值比值的影响，估计结果如表6-10所示。第（1）列、第（2）列报告了东部城市和非东部城市的估计结果，其中东部城市的估计系数为-0.012，在统计意义上不显著，但系数的符号方向与基础估计结果一致；非东部城市的估计系数为-0.040，在1%的统计水平上显著，说明土地供给对于产业结构的影响在非东部地区更强。第（3）列、第（4）列报告了高级别城市和非高级别城市的估计结果，其中高级别城市的估计系数为-0.123，在1%的统计水平上显著；非高级别城市的估计系数为-0.024，在5%的统计水平上显著。因此，土地供给对于产业结构的影响在高行政级别的城市中更大。

表6-10  异质性分析

| 变量 | (1) serv_gdp | (2) serv_gdp | (3) serv_gdp | (4) serv_gdp |
| --- | --- | --- | --- | --- |
| 样本 | 东部城市 | 非东部城市 | 高级别城市 | 非高级别城市 |
| dqhp | -0.012 (0.016) | -0.040*** (0.013) | -0.123*** (0.043) | -0.024** (0.010) |
| 城市控制变量 | 控制 | 控制 | 控制 | 控制 |
| 城市固定效应 | 控制 | 控制 | 控制 | 控制 |
| 年份固定效应 | 控制 | 控制 | 控制 | 控制 |
| 样本数 | 720 | 1703 | 272 | 2143 |
| $R^2$ | 0.929 | 0.899 | 0.918 | 0.890 |

## 第六节　本章小结

制造业和服务业的协调发展是当前中国经济高质量发展的关键，本章从地方政府经营城市的视角，研究了区域土地供给变化如何影响产业结构向服务业转变。本章借助低丘缓坡试点导致的土地指标增加，利用双重差分的方法对2008—2016年中国地级城市的面板数据进行了估计。结果表明，限制建设用地供给会促使区域产业结构向服务化转变，这个结果经过了一系列稳健性检验后保持稳健。本章进一步从地方政府经营城市行为的视角分析了这种影响出现的原因和途径。研究发现，地方政府对土地财政的依赖和土地集约化利用的压力都会促使地方政府推动产业结构的服务化，另外，土地供给结构的转变是一个重要的实现途径。

这个结论可以放在地方政府经营城市的框架内进行解释。在地方政府"锦标赛"式竞争的体制内，地方政府会通过"经营城市"的策略，从而通过上级政府的考核，实现地方官员的晋升。而且，土地供给是地方政府重要的政策工具，在当前的土地制度下，地方政府土地供给的数量由上级政府外部给定，但是其可以通过决定土地配置结构，进而实现政府目标的最优。当外部给定的土地指标缩减时，地方政府在财政压力下倾向于将土地配置到土地价格更高的服务业中，在集约化利用的压力下倾向于将土地配置到集约程度更高的服务业中，这将共同导致地方政府倾向于增加服务业的土地供给，而服务业土地供给的增加则推动了区域产业结构向服务业转变。

限制土地供给对区域产业结构服务化的促进作用内生于地方政府的经营城市行为，具有深刻的制度背景。因此，在分析、解决产业结构服务化的问题时，仅关注制造业和服务业融资难度的差异、利润率的差异等表面现象远远不够，需要进一步深化理解其制度性因素。以本章关注的地方政府行为视角而言，土地财政依赖、土地集约化利用压力等因素都会促使地方政府推动产业服务化，而一般而言，落后地区土地财政依赖较高，发达地区土地集约化利用的要求较高，这无疑加剧了全国范围内缓解产业结构服务化的难度和复杂性。

为了缓解区域产业结构服务化的问题，本章有如下的政策启示：第一，调整供给。土地供给的限制是推动产业结构向服务业转变的源头，如果政策目标单纯是缓解产业结构服务化，那么放松土地供给的限制可能是一个有效的手段。第二，改变机制。由于政府的经营城市行为是这个影响的根源，那么可以通过调整地方政府的激励方式，改变地方政府的目标函数，切断土地供给向产业结构服务化的传导机制也是一个潜在的解决思路。第三，优化配置。在给定限制土地供给和地方政府激励等制度性因素不变的情况下，由于区域的异质性，土地供给对服务业的影响在不同区域中有差异，因此可以通过差异性的土地供给方式，主要放松影响较剧烈的区域的土地供给，通过分类指导的方式优化土地资源配置，缓解服务业的过度发展。

# 第七章

# 结论和政策启示

独特的土地制度对中国的经济腾飞起到了重要的作用，在当前中国经济步入新常态，经济由高速增长转向高质量发展的关键阶段，积极合理地利用土地供给作为政策工具，是实现经济发展质量变革、效率提升和动力转化的有效途径。本书在综述相关文献的基础上，梳理了中国建设用地管理制度演变历程，并且利用建设用地出让的微观数据，分析了中国建设用地供给的分布格局的时空演化，为实证分析提供了制度和现实的支撑；此外，本书还从产业增长和结构转变两个维度，分析了土地供给对企业投资、企业创新以及产业结构服务化的影响，并重点分析了其影响机制。

## 第一节 研究结论

在建设用地管理制度演变方面。国有建设用地管理制度演变经历了明确国家所有的土地所有权制度、确立国有土地使用权有偿出让制度、建立现代建设用地管理制度和新时代土地管理制度改革四个阶段。通过70余年的探索与演变，中国形成了一套独特的土地制度，其中建设用地所有权国有化给政府利用土地供给作为政策工具提供了基础；使用权和所有权分离，使用权可以有偿出让，确保了地方政府可以利用土地供给作为政策工具，推动经济发展；建立现代土地管理制度，一方面遏制了土地的无序利用，另一方面也规范了将土地供给作为政策工具的使用途径；进入新时代以来，土地制度进一步完善，向配置市场化、利用集约化和管理现代化的方向不断演进。

在此背景下，中国土地供给的空间分布有明显的区域差异。其主要体现在：第一，土地供给总量在空间上体现出集聚的特征，呈现出依托中心城市的集聚分布状态，特别是集聚在长三角和珠三角等发育比较成熟的城市群中；在时间演变上，土地供给的中心向西部、南部移动，分布方位逐渐转向东西向的纵深延展。第二，土地供给结构也体现出明显的差异性，第二产业供给较高的区域分布在东部地区，而且高聚类范围不断缩小，反映了产业结构服务化的端倪；高技术产业在长三角、长江中下游城市群集聚，而且集聚的程度不断加深。

上述土地资源配置模式对区域产业发展产生了深远影响。本书从土地供给作为政策工具的角度综述了现有研究，认为土地供给作为政策工具对我国经济发展的影响主要体现在以下几个方面：第一，土地为我国区域发展战略的实施提供了有力抓手，土地是经济活动的空间载体，中央政府可以通过调控土地资源的配置，推动区域协调发展战略等空间战略的实施。第二，土地供给使地方政府获得了大量资金，地方政府通过土地财政、土地融资等手段，为我国快速的城镇化、大规模的基础设施建设和高速的经济增长提供了资金支撑。第三，土地供给作为产业政策工具，在政府招商引资、调整产业结构和推动产业升级方面起到了重要作用。当然，土地供给作为政策工具的积极运用在取得巨大成效的同时也带来了一些潜在的问题，例如土地的价格问题、地方政府债务问题、资源配置问题以及产业结构的失衡等。这些问题的出现也为未来土地制度的改革提出了新要求。

为了服务于未来的改革，本书从土地供给对区域产业发展影响的角度开展了研究。土地是连接政府行为和企业行为的纽带，其具备准入许可、补贴载体和价格信号三个政策属性。土地的准入许可属性确保政府可以对入驻企业进行主动筛选；土地的补贴载体属性为政府补贴企业提供了资金支持，放松了企业的融资约束，影响企业投资、创新等行为，进而影响区域产业发展；土地的价格信号属性也会通过市场选择效应影响区域产业发展。最后，土地供给除了可以通过其政策属性直接影响产业发展，也会通过影响地方政府的"经营城市"行为，对区域产业发展产生影响。

在上述理论框架内，本书从增长和结构两个维度，实证检验了土地供给对产业发展的影响。在产业增长方面，本书重点关注投资和创新这两个推动产业增长的动力来源。在投资方面，研究发现：限制土地供给会降低企业的固定资产投资增速，其中企业购买土地建设新项目的机会减少、企业财务成本上升、企业得到的直接补贴和低价拿地获得的隐性补贴下降，均是土地供给减少会抑制企业投资的原因。另外，本书发现土地供给对投资的影响在东部地区比较显著，而在其他区域较小，这也为当前中国整体的投资增速下滑提供了一个解释，即当前的土地供给模式限制了弹性较大的东部地区的土地供给，对东部地区的企业投资产生了较大的抑制作用，与此同时，中西部的土地供给扩大，然而由于中西部的弹性较低，所以中西部投资的提升无法补偿东部投资的下降，因此造成中国整体投资增速的下滑。

在企业创新方面，本书研究表明，限制土地供给会倒逼企业的创新，其中这种效果主要表现为促使更多的企业参与创新，而不是提升已经进行创新企业的专利申请数量，即土地供给变化主要影响了参与创新的企业的广延边际（extensive margin），而不是企业创新的强度边际（intensive margin）；本书还进一步分析上述现象出现的原因，研究发现创新补偿效应是限制土地供给倒逼企业创新的机制，而政府筛选效应、市场选择效应的影响不显著。因此，限制土地供给对企业创新的影响主要来自企业内生的发展动力，同时由于市场选择效应不显著,所以限制土地供给会提升区域内企业总体创新能力。另外,本书也发现限制土地供给主要影响企业独自申请专利的数量,对企业合作申请专利的影响不大。

在结构转变方面,本书重点关注产业结构由工业向服务业的转变。结果表明,限制土地供给会促使区域产业结构向服务业转变。本书进一步从地方政府经营城市行为的视角分析了这种影响出现的原因和途径,研究发现,地方政府对土地财政的依赖和土地利用集约化的压力都会促使地方政府推动产业结构向服务业转变,而且土地供给结构的转变是一个重要的实施途径。

## 第二节　政策启示

上述研究结论有明显的政策启示。

第一,在投资方面,应当充分认识到当前土地供给模式对企业投资行为的影响,特别是在不同区域影响程度的差异。这就意味着,如果当前的政策目标是稳定中国制造业企业的投资,那么改变区域间土地资源配置、增加东部地区土地供给是一条可行之策。另外本书结论也表明,在利用土地政策支持落后区域发展时,仅仅提升土地供给数量作用有限,更重要的是改变区域内在投资环境,这样土地政策才会起到催化剂的作用。最后,本书发现土地供给对企业投资的影响程度取决于内在的投资供给与需求情况,因此应密切关注东部区域投资环境的变化,如果因为限制性的土地供给政策导致东部经济环境发生了改变,那么再放松土地供给将无助于提升企业投资,这将引起严重经济后果。

第二,在企业创新方面,本书发现限制土地供给会倒逼企业创新,所以当前的土地供给模式客观上推动了中国经济发展动力向创新驱动转变。当前区域间土地配置模式的政策出发点之一是区域协调发展,并且促进东部地区发展方式的转变,当前土地供给的模式对实现这个政策目标是有效的。因此，综合土地供给紧缩对企业投资和创新的影响，本书既发现了当前土地政策的成效，又发现了其存在的不足。在未来对土地供给方式进行改革时，应当综合评价现有土地配置模式的优点与不足，根据不同的政策目标，选择相应的资源配置模式，从而全面地优化土地资源配置。

第三，针对缓解产业结构服务化问题的解决办法，一是调整供给，即土地供给的限制是推动产业结构向服务业转变的源头，如果政策目标单纯是缓解产业结构脱实向虚，那么放松土地供给的限制可能是一个有效的手段；二是改变机制，即由于政府的经营城市行为是这个影响的机制，那么可以通过调整地方政府的激励方式，改变地方政府的目标函数，切断土地供给向产业结构服务化的传导途径也是一个潜在的解决思路；三是优化配置，即在给定限制土地供给和地方政府激励等制度性因素不变的情况下，由于区域的异质性，土地供给对产业结构的影响在不同区域中有差异，因此可以通过差异性的土地供给方式，主要放松受到影响较剧烈的区域的土地供给，通过分类指导的方式改变土地资源配置，缓解产业结构向服务业过度转变。

第四，在利用土地供给作为政策工具进行宏观调控时，要更深入认识土地的政策属性，从而更好地发挥政策的作用。本书研究结果表明，不同区域的土地供给影响经济运行的机制存在差别，如当限制经济过热时，土地的准入许可属性成为一种硬性约束，会发挥重要作用，因此可能产生良好效果；但是当刺激经济增长时，土地的准入许可的属性发挥作用有限，只能通过价格信号和补贴载体的机制发挥作用，所以最终的政策效力有限。

第五，在利用土地供给作为政策工具促进区域协调发展时，要理顺不同层级政府的互动关系。本书发现，土地供给对于区域产业发展的影响内生于地方政府的"经营城市"行为，具有深刻的制度背景。其中，土地财政依赖、土地集约化利用压力等因素都会促使地方政府采取策略性的土地供给行为。一般而言，落后地区的土地财政依赖较高、发达地区的土地集约化利用的要求较高，这无疑提高了全国范围内设计最优的土地供给模式的难度和复杂性。所以，应着力理顺不同层级政府的互动关系，设计合理的激励机制，使土地供给对区域经济发展发挥更大的促进作用。

第六，在利用土地供给作为政策工具时，应当更加关注土地价格，防范系统性风险。由于土地财政、土地融资和土地引资等机制，土地价格成为连接政府财政、金融市场和企业经营的关键因素，过高的土地价格会影响企业经营，削弱经济长期增长动力，过低的土地价格会加剧地方政府债务压力，提高短期内的经济风险，因此应当关注、调控土地价格，并完善土地市场的运行机制。

第七，在未来深化改革、推动经济高质量发展的过程中应该更加高效、科学地利用土地政策工具。应该更加重视土地工具作为政策工具在我国经济发展中的作用，积极利用土地政策工具。土地供给作为一个高效率、低成本的政策工具，在过去改革和发展过程中起到了关键作用，在未来推进区域协调发展、经济高质量发展的过程中也会发挥重要作用。要进一步完善土地供给作为政策工具的使用机制，深化土地制度改革。过去由土地引发的种种问题往往源于土地供给作为政策工具的过度使用和过度依赖，因此未来应当规范和制定更加有效的土地利用机制，使土地为中国经济高质量发展发挥更大的促进作用。

## 第三节　研究不足及进一步研究方向

本书围绕建设用地供给对产业发展的影响进行了研究，但是由于本人的水平和精力限制，目前还存在一些不足。

第一，本书的理论深度有待深化。总体而言，本书是一篇以经验研究为主的著作，本书构建了总体的理论框架，理论机制分析往往穿插于经验研究的章节之中，为经验研究的假说提供了支撑。因此，总体上本书的理论分析有待深化，如果能构建一个严谨的一般均衡模型可以更加深化本书的深度，更加明晰具体的作用机制。而且，通过对中国土地制度的分析，本书发现这是一个可以进行理论研究的肥沃土壤。例如，地方政府在上级政府给定用地指标下，通过决定工业用地和商住用地来保证地方的经济增长和财政收入，这是典型的经济理论问题，通过对其的研究可以更深度地理解中央和地方之间的互动模式和地方政府行为。这也为未来的研究提供了一个方向。

第二，本书的经验研究有扩充的空间。本书的主要工作是在经验研究部分，本书试图通过土地供给对产业发展的影响，全面地理解和评价当前的建设用地配置模式和土地供给制度。但是由于精力和篇幅限制，本书只能在经济增长的框架内选择投资和创新两个侧面，从产业发展的角度选择产业结构转变，作为切入点进行研究。因此，不免有管中窥豹之感，在土地供给对产业发展的影响这一主题中还有诸多的问题可以继续探索。

第三，本书的政策建议有待细化。本书分析了当前土地供给模式的优势，也发现了其存在的弊端，因此在政策设计的时候需要进行权衡，而这似乎是一个很符合经济学本质的结论，即权衡无处不在。但是，因为最优的供给模式取决于政府最终的战略导向和政策目标，因此本书很难提出一个如何进行权衡的具体方式。总之，本书更多的是给出土地供给对产业发展的客观事实，对应该如何制定政策的分析较弱，只提出了政策启示，却没有提供具体的政策建议。

上述不足也为未来土地相关的研究提出了新的研究问题。第一，中国土地经济学理论的构建。由于中国土地制度与国外有很大的区别，因此国外土地经济学的理论并不能完全适用于中国的制度环境，中国富有特色的土地制度为相关的理论研究提供了一个很好的课题，但是现有的相关研究还更多地停留在经验和现象层面，在理论层面还有待进一步提炼和深化。第二，土地供给作为政策工具的绩效和成本的经验研究。明确土地供给作为政策工具的成效和成本对于未来土地工具的高效使用意义重大,因此应当加强从政府利用土地工具影响经济活动的视角出发,系统研究土地工具的影响效果。第三,未来土地利用机制设计的研究。现在土地供给作为政策工具在取得很大成功的同时也带来了一系列问题,如何设计和完善土地利用机制,更好地发挥土地供给作为政策工具的作用也是一个极具现实意义和政策意义的问题。

# 参考文献

［美］斯图亚特·R. 林恩，2009，《发展经济学》，王乃辉、倪凤佳、范静译，格致出版社、上海三联书店、上海人民出版社。

陈斌开、金箫、欧阳涤非，2015，《住房价格、资源错配与中国工业企业生产率》，《世界经济》第 4 期。

陈江龙、高金龙、徐梦月、陈雯，2014，《南京大都市区建设用地扩张特征与机理》，《地理研究》第 3 期。

陈林，2018，《中国工业企业数据库的使用问题再探》，《经济评论》第 6 期。

陈爽英、井润田、龙小宁、邵云飞，2010，《民营企业家社会关系资本对研发投资决策影响的实证研究》，《管理世界》第 1 期。

陈伟、李阳、吴群、郭贯成，2012，《基于产业差异修正的工业行业土地集约利用评价研究——以江苏省为例》，《资源科学》第 12 期。

陈志勇、陈莉莉，2011，《财税体制变迁、"土地财政"与经济增长》，《财贸经济》第 12 期。

程晨、王萌萌，2016，《企业劳动力成本与全要素生产率——"倒逼"机制的考察》，《南开经济研究》第 3 期。

程乾、凌素培，2013，《中国非物质文化遗产的空间分布特征及影响因素分析》，《地理科学》第 10 期。

代谦、别朝霞，2016，《土地改革、阶层流动性与官僚制度转型：来自唐代中国的证据》，《经济学（季刊）》第 1 期。

杜勇、谢瑾、陈建英，2019，《CEO 金融背景与实体企业金融化》，《中国工业经济》第 5 期。

范剑勇、莫家伟，2014，《地方债务、土地市场与地区工业增长》，《经济研究》第 1 期。

高魏、马克星、刘红梅，2013，《中国改革开放以来工业用地节约集约利用政策演化研究》，《中国土地科学》第 10 期。

葛扬、岑树田，2017，《中国基础设施超常规发展的土地支持研究》，《经济研究》第 2 期。

耿强、江飞涛、傅坦，2011，《政策性补贴、产能过剩与中国的经济波动——引入产能利用率 RBC 模型的实证检验》，《中国工业经济》第 5 期。

辜胜阻，2019，《高质量发展要让创新要素活力竞相迸发》，《经济研究》第 10 期。

郭进，2019，《环境规制对绿色技术创新的影响——"波特效应"的中国证据》，《财贸经济》第 3 期。

郭艳茹，2008，《中央与地方财政竞争下的土地问题：基于经济学文献的分析》，《经济社会体制比较》第 2 期。

郭志勇、顾乃华，2013，《制度变迁、土地财政与外延式城市扩张——一个解释我国城市化和产业结构虚高现象的新视角》，《社会科学研究》第 1 期。

韩国高，2017，《环境规制能提升产能利用率吗？——基于中国制造业行业面板数据的经验研究》，《财经研究》第 6 期。

何杨、满燕云，2012，《地方政府债务融资的风险控制——基于土地财政视角的分析》，《财贸经济》第 5 期。

胡奕明、王雪婷、张瑾，2017，《金融资产配置动机："蓄水池"或"替代"？——来自中国上市公司的证据》，《经济研究》第 1 期。

黄健柏、徐震、徐珊，2015，《土地价格扭曲、企业属性与过度投资——基于中国工业企业数据和城市地价数据的实证研究》，《中国工业经济》第 3 期。

黄玖立、冯志艳，2017，《用地成本对企业出口行为的影响及其作用机制》，《中国工业经济》第 9 期。

黄张凯、刘津宇、马光荣，2016，《地理位置、高铁与信息：来自中国 IPO 市场的证据》，《世界经济》第 10 期。

江飞涛、曹建海，2009，《市场失灵还是体制扭曲——重复建设形成机理研究中的争论、缺陷与新进展》，《中国工业经济》第 1 期。

姜爱林，2003，《改革开放前新中国土地政策的历史演变（1949—1978）》，《石家庄经济学院学报》第 3 期。

金宇超、靳庆鲁、宣扬，2016，《"不作为"或"急于表现"：企业投资中的政治动机》，《经济研究》第 10 期。

雷根强、钱日帆，2014，《土地财政对房地产开发投资与商品房销售价格的影响分析——来自中国地级市面板数据的经验证据》，《财贸经济》第 10 期。

雷潇雨、龚六堂，2014，《基于土地出让的工业化与城镇化》，《管理世界》第 9 期。

黎文靖、郑曼妮，2016，《实质性创新还是策略性创新？——宏观产业政策对微观企业创新的影响》，《经济研究》第 4 期。

李伯华、尹莎、刘沛林、窦银娣，2015，《湖南省传统村落空间分布特征及影响因素分析》，《经济地理》第 2 期。

李磊、蒋殿春、王小洁，2018，《外资进入、性别就业差距与企业退出》，《世界经济》第 12 期。

李力行、黄佩媛、马光荣，2016，《土地资源错配与中国工业企业生产率差异》，《管理世界》第 8 期。

李勇刚、罗海艳，2017，《土地资源错配阻碍了产业结构升级吗？——来自中国 35 个大中城市的经验证据》，《财经研究》第 9 期。

李勇刚、王猛，2015，《土地财政与产业结构服务化——一个解释产业结构服务化"中国悖论"的新视角》，《财经研究》第 9 期。

梁东、毛美桥、徐卫东，2018，《土地政策参与宏观经济调控的目标工具和途径探讨》,《山东国土资源》第 5 期。

林炜,2013,《企业创新激励:来自中国劳动力成本上升的解释》,《管理世界》第 10 期。

刘贯春、吴辉航、刘媛媛,2018,《最低工资制度如何影响中国的产业结构?》,《数量经济技术经济研究》第 6 期。

刘守英,2008,《中国的二元土地权利制度与土地市场残缺——对现行政策、法律与地方创新的回顾与评论》,《经济研究参考》第 31 期。

刘守英,2012,《以地谋发展模式的风险与改革》,《国际经济评论》第 2 期。

刘守英,2018a,《土地制度变革与经济结构转型——对中国 40 年发展经验的一个经济解释》,《中国土地科学》第 1 期。

刘守英,2018b,《城乡中国的土地问题》,《北京大学学报》(哲学社会科学版)第 3 期。

刘守英、蒋省三,2005,《土地融资与财政和金融风险——来自东部一个发达地区的个案》,《中国土地科学》第 5 期。

刘守英、杨继东,2019,《中国产业升级的演进与政策选择——基于产品空间的视角》,《管理世界》第 6 期。

刘树成,2016,《民间投资增速严重下滑与宏观经济波动》,《中国工业经济》第 11 期。

刘志彪,2010,《以城市化推动产业转型升级——兼论"土地财政"在转型时期的历史作用》,《学术月刊》第 10 期。

龙小宁、黄小勇,2016,《公平竞争与投资增长》,《经济研究》第 7 期。

卢洪友、袁光平、陈思霞、卢盛峰,2011,《土地财政根源:"竞争冲动"还是"无奈之举"?——来自中国地市的经验证据》,《经济社会体制比较》第 1 期。

陆铭、常晨、王丹利,2018,《制度与城市:土地产权保护传统有利于新城建设效率的证据》,《经济研究》第 6 期。

陆铭、陈钊，2009，《为什么土地和户籍制度需要联动改革——基于中国城市和区域发展的理论和实证研究》，《学术月刊》第9期。

陆铭、张航、梁文泉，2015，《偏向中西部的土地供应如何推升了东部的工资》，《中国社会科学》第5期。

罗党论、佘国满，2015，《地方官员变更与地方债发行》，《经济研究》第6期。

马光荣、李力行，2014，《金融契约效率、企业退出与资源误置》，《世界经济》第10期。

孟宪春、张屹山、李天宇，2018，《有效调控房地产市场的最优宏观审慎政策与经济"脱虚向实"》，《中国工业经济》第6期。

聂辉华、江艇、杨汝岱，2012，《中国工业企业数据库的使用现状和潜在问题》，《世界经济》第5期。

潘红波、陈世来，2017，《〈劳动合同法〉、企业投资与经济增长》，《经济研究》第4期。

彭俞超、韩珣、李建军，2018，《经济政策不确定性与企业金融化》，《中国工业经济》第1期。

彭俞超、黄志刚，2018，《经济"脱实向虚"的成因与治理：理解十九大金融体制改革》，《世界经济》第9期。

钱颖一、许成钢、董彦彬，1993，《中国的经济改革为什么与众不同——M型的层级制和非国有部门的进入与扩张》，《经济社会体制比较》第1期。

任旭峰，2012，《经济增长理论演进中的土地利用思想综述与辨析》，《经济学动态》第4期。

荣昭、王文春，2014，《房价上涨和企业进入房地产——基于我国非房地产上市公司数据的研究》，《金融研究》第4期。

邵朝对、苏丹妮、邓宏图，2016，《房价、土地财政与城市集聚特征：中国式城市发展之路》，《管理世界》第2期。

邵挺、崔凡、范英、许庆，2011，《土地利用效率、省际差异与异地占补平衡》，《经济学（季刊）》第3期。

邵新建、巫和懋、江萍、薛熠、王勇，2012，《中国城市房价的"坚硬泡沫"——基于垄断性土地市场的研究》，《金融研究》第12期。

孙秀林、周飞舟，2013，《土地财政与分税制：一个实证解释》，《中国社会科学》第4期。

谭明智，2014，《严控与激励并存：土地增减挂钩的政策脉络及地方实施》，《中国社会科学》第7期。

陶然、陆曦、苏福兵、汪晖，2009，《地区竞争格局演变下的中国转轨：财政激励和发展模式反思》，《经济研究》第7期。

陶然、汪晖，2010，《中国尚未完成之转型中的土地制度改革：挑战与出路》，《国际经济评论》第2期。

汪勇、李雪松，2019，《外生冲击、房地产价格与企业投资》，《财经研究》第3期。

王国刚，2018，《金融脱实向虚的内在机理和供给侧结构性改革的深化》，《中国工业经济》第7期。

王红建、李茫茫、汤泰劼，2016，《实体企业跨行业套利的驱动因素及其对创新的影响》，《中国工业经济》第11期。

王文春、荣昭，2014，《房价上涨对工业企业创新的抑制影响研究》，《经济学（季刊）》第2期。

王小霞、蒋殿春、李磊，2018，《最低工资上升会倒逼制造业企业转型升级吗？——基于专利申请数据的经验分析》，《财经研究》第12期。

王永进、张国峰，2016，《开发区生产率优势的来源：集聚效应还是选择效应？》，《经济研究》第7期。

王媛、杨广亮，2016，《为经济增长而干预：地方政府的土地出让策略分析》，《管理世界》第5期。

吴海民，2012，《资产价格波动、通货膨胀与产业"空心化"——基于我国沿海地区民营工业面板数据的实证研究》，《中国工业经济》第1期。

吴九兴，2010，《土地利用政策：市场效率与社会效率——以建设用地为例》，《经济体制改革》第 5 期。

席强敏、梅林，2019，《工业用地价格、选择效应与工业效率》，《经济研究》第 2 期。

徐升艳、陈杰、赵刚，2018，《土地出让市场化如何促进经济增长》，《中国工业经济》第 3 期。

徐彦坤、祁毓，2017，《环境规制对企业生产率影响再评估及机制检验》，《财贸经济》第 6 期。

闫昊生、孙久文、苏玺鉴，2019，《土地要素：一个中国特色的政策工具》，《经济学家》第 5 期。

严金海，2018，《土地供给管制与城市住房用地供给错配——基于 2009—2015 年中国城市面板数据的分析》，《中国土地科学》第 6 期。

杨继东，2018b，《中国土地制度的经济学分析——基于微观土地交易数据的视角》，四川人民出版社。

杨继东、杨其静、刘凯，2018，《以地融资与债务增长——基于地级市面板数据的经验研究》，《财贸经济》第 2 期。

杨璐璐，2014，《中国土地政策演进阶段性结构特征与经济发展转型》，《现代财经（天津财经大学学报）》第 2 期。

杨其静、彭艳琼，2016，《晋升竞争与工业用地出让——基于 2007—2011 年中国城市面板数据的分析》，《社会科学文摘》第 1 期。

杨其静、卓品、杨继东，2014，《工业用地出让与引资质量底线竞争——基于 2007—2011 年中国地级市面板数据的经验研究》，《管理世界》第 11 期。

杨瑞龙，1998，《我国制度变迁方式转换的三阶段论——兼论地方政府的制度创新行为》，《经济研究》第 1 期。

于泽、陆怡舟、王闻达，2015，《货币政策执行模式、金融错配与我国企业投资约束》，《管理世界》第 9 期。

余吉祥、沈坤荣，2019，《城市建设用地指标的配置逻辑及其对住房市场的影响》，《经济研究》第 4 期。

余静文、王媛、谭静，2015，《房价高增长与企业"低技术锁定"——基于中国工业企业数据库的微观证据》，《上海财经大学学报》第 5 期。

余明桂、范蕊、钟慧洁，2016，《中国产业政策与企业技术创新》，《中国工业经济》第 12 期。

余泳泽、李启航，2019，《城市房价与全要素生产率："挤出效应"与"筛选效应"》，《财贸经济》第 1 期。

余泳泽、张少辉，2017，《城市房价、限购政策与技术创新》，《中国工业经济》第 6 期。

袁志刚、绍挺，2010，《土地制度与中国城市结构、产业结构选择》，《经济学动态》第 12 期。

曾海舰，2012，《房产价值与公司投融资变动——抵押担保渠道效应的中国经验证据》，《管理世界》第 5 期。

曾义、冯展斌、张茜，2016，《地理位置、环境规制与企业创新转型》，《财经研究》第 9 期。

张成思，2019，《金融化的逻辑与反思》，《经济研究》第 11 期。

张成思、张步昙，2016，《中国实业投资率下降之谜：经济金融化视角》，《经济研究》第 12 期。

张杰、杨连星、新夫，2016，《房地产阻碍了中国创新么？——基于金融体系贷款期限结构的解释》，《管理世界》第 5 期。

张莉、高元骅、徐现祥，2013，《政企合谋下的土地出让》，《管理世界》第 12 期。

张莉、年永威、刘京军，2018，《土地市场波动与地方债——以城投债为例》，《经济学（季刊）》第 3 期。

张莉、王贤彬、徐现祥，2011，《财政激励、晋升激励与地方官员的土地出让行为》，《中国工业经济》第 4 期。

张清源、苏国灿、梁若冰，2018，《增加土地供给能否有效抑制房价上涨——利用"撤县设区"的准实验研究》,《财贸经济》第 4 期。

赵璐、赵作权,2014,《基于特征椭圆的中国经济空间分异研究》,《地理科学》第 8 期。

赵娜、王博、刘燕,2017,《城市群、集聚效应与"投资潮涌"——基于中国 20 个城市群的实证研究》,《中国工业经济》第 11 期。

赵祥、曹佳斌,2017,《地方政府"两手"供地策略促进产业结构升级了吗——基于 105 个城市面板数据的实证分析》,《财贸经济》第 7 期。

赵燕菁,2014,《土地财政:历史、逻辑与抉择》,《城市发展研究》第 1 期。

郑思齐、孙伟增、吴璟、武赟,2014,《"以地生财,以财养地"——中国特色城市建设投融资模式研究》,《经济研究》第 8 期。

中国经济增长前沿课题组、张平、刘霞辉,2011,《城市化、财政扩张与经济增长》,《经济研究》第 11 期。

周飞舟,2007,《生财有道:土地开发和转让中的政府和农民》,《社会学研究》第 1 期。

周黎安,2004,《晋升博弈中政府官员的激励与合作——兼论我国地方保护主义和重复建设问题长期存在的原因》,《经济研究》第 6 期。

周茂、陆毅、杜艳、姚星,2018,《开发区设立与地区制造业升级》,《中国工业经济》第 3 期。

周敏,2017,《一个基于土地财政的经营城市模型》,《世界经济文汇》第 1 期。

Abel, A. B., 1981, "A Dynamic Model of Investment and Capacity Utilization", *Quarterly Journal of Economics*, 3.

Acemoglu, D., 2010, "When Does Labor Scarcity Encourage Innovation", *Journal of Political Economy*, 6.

Acemoglu, D. , P. Aghion, L. Bursztyn and D. Hemous, 2012, "The Environment and Directed Technical Change", *The American Economic Review*, 1.

Acemoglu, D. , S. Johnson and J. A. Robinson, 2000, "The Colonial Origins of Comparative Development: An Empirical Investigation", *The American Economic Review*, 5.

Acemoglu, D. , S. Johnson and J. A. Robinson, 2002, "The Rise of Europe: Atlantic Trade, Institutional Change and Economic Growth", *The American Economic Review*, 3.

Adamopoulos, T. , L. Brandt, J. Leight and D. Restuccia, 2017, "Misallocation, Selection and Productivity: A Quantitative Analysis with Panel Data from China", National Bureau of Economic Research.

Allen, R. G. D. , Clark Colin, 1951, "The Conditions of Economic Progress", *Economica*, 72.

Arimoto, Y. , K. Nakajima and T. Okazaki, 2014, "Sources of Productivity Improvement in Industrial Clusters: The Case of the Prewar Japanese Silk-Reeling Industry", *Regional Science and Urban Economics*, 1.

Baker, S. R. , N. Bloom and S. J. Davis, 2016, "Measuring Economic Policy Uncertainty", *Quarterly Journal of Economics*, 4.

Behrens, K. , G. Duranton and F. Robertnicoud, 2014, "Productive Cities: Sorting, Selection, and Agglomeration", *Journal of Political Economy*, 3.

Bleck, A. and X. Liu, 2018, "Credit Expansion and Credit Misallocation", *Journal of Monetary Economics*, 2.

Blyth, C. A. and Kuznets Simon, 1973, "Economic Growth of Nations: Total Output and Production Structure", *Economica*, 160.

Brandt, L. , J. Van Biesebroeck and Y. Zhang, 2011, "Creative Accounting or Creative Destruction? Firm-Level Productivity Growth in

Chinese Manufacturing", *Journal of Development Economics*, 2.

Brandt, L., T. Tombe and X. Zhu, 2013, "Factor Market Distortions across Time, Space and Sectors in China", *Review of Economic Dynamics*, 1.

Burchfield, M., H. G. Overman, D. Puga, and M. A. Turner, 2006, "Causes of Sprawl: A Portrait from Space", *The Quarterly Journal of Economics*, 2.

Cai, H., J. V. Henderson and Q. Zhang, 2013, "China's Land Market Auctions: Evidence of Corruption?", *The Rand Journal of Economics*, 3.

Carruthers, J. I., 2003, "Growth at the Fringe: The Influence of Political Fragmentation in United States Metropolitan Areas", *Papers in Regional Science*, 4.

Chaney, T., D. Sraer and D. Thesmar, 2012, "The Collateral Channel: How Real Estate Shocks Affect Corporate Investment", *American Economic Review*, 6.

Chen, P., C. Wang and Y. Liu, 2015, "Real Estate Prices and Firm Borrowings: Micro Evidence from China", *China Economic Review*, 5.

Chen, T. and J. K. S. Kung, 2016, "Do Land Revenue Windfalls Create a Political Resource Curse? Evidence from China", *Journal of Development Economics*, 6.

Chen, T., L. Liu, W. Xiong and L. Zhou, 2017, "Real Estate Boom and Misallocation of Capital in China", Working Paper.

Chen, T., L. X. Liu and L. Zhou, 2015, "The Crowding-Out Effects of Real Estate Shocks—Evidence from China", Working Paper.

Chen, Z., X. Jiang, Z. Liu, J. C. Suárez Serrato and D. Xu, 2019, "Tax Policy and Lumpy Investment Behavior: Evidence from China's VAT Reform", Working Paper Series, National Bureau of Economic Research.

Chetty, R., A. Looney and K. Kroft, 2007, "Salience and Taxation: Theory and Evidence", *The American Economic Review*, 4.

Combes, P., G. Duranton, L. Gobillon, D. Puga and S. Roux, 2012a, "The Productivity Advantages of Large Cities: Distinguishing Agglomeration from Firm Selection", *Econometrica*, 6.

Davis, M. A. and J. Heathcote, 2007, "The Price and Quantity of Residential Land in the United States", *Journal of Monetary Economics*, 8.

Demir, F., 2008, "Financial Liberalization, Private Investment and Portfolio Choice: Financialization of Real Sectors in Emerging Markets", *Journal of Development Economics*, 2.

Deng, Y., R. Morck, J. Wu and B. Yeung, 2011, "Monetary and Fiscal Stimuli, Ownership Structure, and China's Housing Market", National Bureau of Economic Research.

Domar, E. D., 1946, "Capital Expansion, Rate of Growth, and Employment", *Econometrica*, 2.

Froud, J., C. Haslam, S. Johal and K. Williams, 2000, "Shareholder Value and Financialization: Consultancy Promises, Management Moves", *Economy & Society*, 1.

Gan, J., 2007, "Collateral, Debt Capacity, and Corporate Investment: Evidence from a Natural Experiment", *Journal of Financial Economics*, 3.

Gaubert, C., 2018, "Firm Sorting and Agglomeration", *The American Economic Review*, 11.

Glaeser, E. L. and B. A. Ward, 2009, "The Causes and Consequences of Land Use Regulation: Evidence from Greater Boston", *Journal of Urban Economics*, 3.

Glaeser, E. L. and K. Tobio, 2007, "The Rise of the Sunbelt", National Bureau of Economic Research.

Glaeser, E. L. and M. E. Kahn, 2010, "The Greenness of Cities:

Carbon Dioxide Emissions and Urban Development", *Journal of Urban Economics*, 3.

Gong, L. , C. Wang, F. Zhao and H. F. Zou, 2013, "Land-Price Dynamics and Macroeconomic Fluctuations with Nonseparable Preferences", *Econometrica*, 3.

Grenadier, S. R. , 2005, "An Equilibrium Analysis of Real Estate Leases", *The Journal of Business*, 4.

Gulen, H. and M. Ion, 2015, "Policy Uncertainty and Corporate Investment", *Review of Financial Studies*, 3.

Hamamoto, M. , 2006, "Environmental Regulation and the Productivity of Japanese Manufacturing Industries", *Resource and Energy Economics*, 4.

Harvey, D. , 2005, *A Brief History of Neoliberalism*, Oxford: Oxford University Press.

Hausmann, R. , J. Hwang and D. Rodrik, 2007, "What You Export Matters", *Journal of Economic Growth*, 1.

Hayashi, F. , 1982, "Tobin's Marginal q and Average q: A Neoclassical Interpretation", *Econometrica*, 1.

He, G. , S. Wang and B. Zhang, 2020, "Watering Down Environmental Regulation in China", *The Quarterly Journal of Economics*, 4.

Helpman, E. , 1998, "The Size of Regions", *Topics in Public Economics: Theoretical and Applied Analysis*.

Iacoviello, M. , 2005, "House Prices, Borrowing Constraints and Monetary Policy in the Business Cycle", *The American Economic Review*, 3.

Ihlanfeldt, K. R. , 2007, "The Effect of Land Use Regulation on Housing and Land Prices", *Journal of Urban Economics*, 3.

Jorgenson, D. W. and R. E. Hall, 1967, "Tax Policy and Investment Behavior", *The American Economic Review*, 3.

Jorgenson, D. W. , 1962, "Capital Theory and Investment Behavior", *American Economic Review*, 2.

King, M. A., 2016, *The End of Alchemy: Money, Banking, and the Future of the Global Economy*, New York: W. W. Norton.

Krippner, G. R., 2005, "The financialization of the American Economy", *Socio-Economic Review*, 2.

Kung, K. S. and T. Chen, 2016, "Do Land Revenue Windfalls Reduce the Career Incentives of County Leaders? Evidence from China", *Journal of Development Economics*, 1.

La Roca, J. D., 2017, "Selection in Initial and Return Migration: Evidence from Moves across Spanish Cities", *Journal of Urban Economics*, 1.

Lefever, D. W., 1926, "Measuring Geographic Concentration by Means of the Standard Deviational Ellipse", *American Journal of Sociology*, 1.

Lewis, D. J., G. L. Hunt and A. J. Plantinga, 2002, "Public Conservation Land and Employment Growth in the Northern Forest Region", *Land Economics*, 2.

Lichtenberg, E. and C. Ding, 2009, "Local Officials as Land Developers: Urban Spatial Expansion in China", *Journal of Urban Economics*, 1.

McDonald, J. F., 2001, "Cost-Benefit Analysis of Local Land Use Allocation Decisions", *Journal of Regional Science*, 2.

Miao, J. and P. Wang, 2014, "Sectoral Bubbles, Misallocation, and Endogenous Growth", *Journal of Mathematical Economics*, 8.

Miao, J., P. Wang and J. Zhou, 2015, "Asset Bubbles, Collateral, and Policy Analysis", *Journal of Monetary Economics*, 1.

Orhangazi, Ö., 2008, "Financialisation and Capital Accumulation in the Non-Financial Corporate Sector: A Theoretical and Empirical Investigation on the US Economy: 1973-2003", *Cambridge Journal of Economics*, 6.

Partridge, M. D. and D. S. Rickman, 2013, "Integrating Regional Economic Development Analysis and Land Use Economics", in *The Oxford Handbook of Land Economics*, New York: Oxford University Press.

Partridge, M. D., D. S. Rickman, K. Ali and M. R. Olfert, 2008, "Lost in Space: Population Growth in the American Hinterlands and Small Cities", *Journal of Economic Geography*, 6.

Ping, Y. C., 2011, "Explaining Land Use Change in a Guangdong County: The Supply Side of the Story", *China Quarterly*, 207.

Porter, M. E. and C. V. Der Linde, 1995, "Toward a New Conception of the Environment-Competitiveness Relationship", *Journal of Economic Perspectives*, 4.

Rampini, A. A. and S. Viswanathan, 2013, "Collateral and Capital Structure", *Journal of Financial Economics*, 2.

Restuccia, D. and R. Santaeulalia-Llopis, 2017, "Land Misallocation and Productivity", National Bureau of Economic Research.

Rosenbaum, P. R. and D. B. Rubin, 1983, "The Central Role of the Propensity Score in Observational Studies for Causal Effects", *Biometrika*, 1.

Rosenbaum, P. R. and D. B. Rubin, 1984, "Reducing Bias in Observational Studies Using Subclassification on the Propensity Score", *Journal of the American Statistical Association*, 387.

Saito, H. and M. Gopinath, 2009, "Plants' Self-Selection, Agglomeration Economies and Regional Productivity in Chile", *Journal of Economic Geography*, 4.

Solow, R. M., 1956, "A Contribution to the Theory of Economic Growth", *Quarterly Journal of Economics*, 1.

Song, Z. M. and W. Xiong, 2018, "Risks in China's Financial System", National Bureau of Economic Research.

Stockhammer, E., 2004, "Financialisation and the Slowdown of Accumulation", *Cambridge Journal of Economics*, 5.

Storesletten, K. and F. Zilibotti, 2014, "China's Great Convergence and Beyond", *Annu. Rev. Econ.*, 1.

Syverson, C., 2004, "Market Structure and Productivity: A Concrete Example", *Journal of Political Economy*, 6.

Tao, R., F. Su, M. Liu and G. Cao, 2010, "Land Leasing and Local Public Finance in China's Regional Development: Evidence from Prefecture-Level Cities", *Urban Studies*, 10.

Tenev, S., 2001, "Financing of Private Enterprise in China", *Finance & Development*, 38 (1).

Tian, L., 2015, "Land Use Dynamics Driven by Rural Industrialization and Land Finance in the Peri-Urban Areas of China: 'The Examples of Jiangyin and Shunde'", *Land Use Policy*, 4.

Wong, D. W. S., 1999, "Several Fundamentals in Implementing Spatial Statistics in GIS: Using Centrographic Measures as Examples", *Geographic Information Sciences*, 2.

Wu, F., 2015, "Commodification and Housing Market Cycles in Chinese Cities", *International Journal of Housing Policy*, 1.

Wu, J., J. Gyourko and Y. Deng, 2015, "Real Estate Collateral Value and Investment: The Case of China", *Journal of Urban Economics*, 2.

Wu, J., J. Gyourko and Y. Deng, 2016, "Evaluating the Risk of Chinese Housing Markets: What We Know and What We Need to Know", *China Economic Review*, 8.

Yew, C. P., 2012, "Pseudo-Urbanization? Competitive Government Behavior and Urban Sprawl in China", *Journal of Contemporary China*, 74.

Zhan, J. V., 2013, "Strategy for Fiscal Survival? Analysis of Local Extra-Budgetary Finance in China", *Journal of Contemporary China*, 80.

# 索　引

## B

标准差椭圆　6，40，41，43
补贴载体　7，12，48，49，53，57，60，61，85，86，88，126，152，154

## C

财政政策工具　20-22
产业发展　3，5-8，12，21，22，25，27，44，45，48－53，57，66，93，99，126，131，151，152，154-156
产业政策工具　9，22，23，25，27，126，151
成本挤出效应　95-97，114
创新补偿效应　10，91，92，95-97，112，114，118，120，121，152

## D

低丘缓坡试点　11，12，56，67，68，70，74，124，125，129－132，134－139，141－143，145-148

## F

发明专利　101，102，118，119

## G

工具变量　10，12，56，65-67，72，73，87，98，99，107，108，113，114，120
广延边际　10，91，100，106，108-111，120，152

## H

核密度估计　6，40

索　引

**J**

集聚分布　10, 42, 45, 52, 151

价格信号　7, 12, 48, 50, 53, 57, 58, 61, 85, 86, 88, 117, 126, 152, 154

建设用地　1-7, 10, 12, 16-18, 20, 21, 23, 24, 28, 30-40, 42-53, 56-58, 60, 63-68, 71, 73, 75, 78-86, 89, 94, 97-99, 101, 102, 104, 106, 108-110, 112-114, 117-119, 125-133, 137, 144-146, 148, 150, 155, 156

建设用地管理制度　9, 10, 28, 30, 31, 33, 34, 36-38, 50, 51, 150

经营城市　11, 13, 47, 48, 50, 53, 125-127, 139, 146-149, 152-154

**K**

空间聚类分析　6, 41

空间政策工具　9, 19, 20, 25

**Q**

强度边际　10, 91, 100, 106, 108-111, 120, 152

**S**

实用新型专利　91, 101, 102, 118-121

市场选择效应　10, 50, 91, 92, 96, 97, 112, 115, 117, 118, 120, 152, 153

双重差分　10-12, 56, 67, 68, 74, 87, 110-112, 120, 124, 125, 129, 134, 135, 137-139, 145, 148

**T**

投资　3, 5-8, 10, 11, 13, 15, 19, 21-25, 27, 30-32, 34, 37, 46-50, 52-69, 71, 73-75, 78-82, 84-88, 90, 99-101, 116, 122, 123, 150, 152-154, 156

土地供给　1-16, 18-27, 31, 32, 34, 35, 42, 46, 48-69, 71, 73-75, 78-93, 95-101, 104-108, 111-122, 124-131, 133, 134, 138, 139, 142-157

土地供给结构　6, 7, 10, 11, 124, 127, 128, 145, 146, 148, 151, 153

土地集约化利用　35, 53, 124,

125，128，142-145，148，154，155

土地使用权　5，10，16，17，22，23，28，30-33，38，51，150

土地所有权　1，10，16，18，28-31，36，51，150

## W

外观设计专利　101，102，118，119

网络化分布　43，47

## Z

招拍挂　5，17，21，23，32，33，55，66，99

政府筛选效应　10，91，93，97，112，113，120，152

"中心—外围"分布　42，43

准入许可　8，12，13，20，23，48，49，53，57，61，79，86，88，97，117，152，154

# 后　　记

　　时在中春，阳和方起，我终于开始为这本著作画上句号。本书是在我的博士论文基础上修改而成的。在本书撰写和修改的过程中，我感慨于母校十年来对我的培养，感慨四年博士生涯中流逝的青春，感慨一年写博士论文期间常常遥望的凌晨星光，也感慨这一段学术路程中提升能力的喜悦、做出成果的幸福、受到挫折的悲伤与力所不及的无奈。回首过去时光，我不知道这段岁月对外界是否称得上"合格"二字，但是对我的内心而言，它已经是一段独特的经历、宝贵的财富，使我回首其中，不能自已。

　　这段岁月之所以可以成为宝贵的财富，得益于太多人的帮助。首先是我的导师孙久文老师，孙老师是我的领路人，将我领入了经济学的大门。孙老师引导我从本科毕业时对中国区域经济一无所知的门外汉，一步步成长为研究中国区域经济问题的青年学者。孙老师不仅传授了我理论知识，而且在多次课题研究中，带领我去各地调研，去认识现实、发现问题。我们每年一度的暑期调研以及多次针对课题的调研使我的研究得以立足于中国实际，不至于成为空中楼阁。本书以土地问题作为核心选题的想法，便萌生于2017年去江西的调研过程，当时一位县长和我们说"我手中有地，心中就不慌"，从此我开始对土地问题感兴趣，逐步明确了本书的核心选题。孙老师对我的影响还在于他的个人风范，老师博学鸿儒，有古君子之风，其宽和大度的胸怀、与人为善的品格以及对待后辈无私的提携帮助都值得我长久学习。在中国人民大学区域所的六年中，还有许多老师给了我帮助与教导，我要感谢在硕士期间，张可云老师、侯景新老师、付晓东老师、姚永玲老师、文余源老师、刘玉老师在区域经济学方面的教导；要感谢在博士期间，张可云老师在区域经济学文献课上对我的启发，以及刘玉老师作为班主任的辛勤付出；感谢虞义华老师和孙三百老师对我的指导。衷心感谢各位老师对我的教导和帮助。

除了区域所的诸位老师，我还要感谢谢伦裕老师，谢老师教导我掌握了经验研究中的相关工具。硕士一年级，谢老师任我们班计量经济学课的老师，在课上谢老师不仅教我们掌握了计量经济学的基本方法，更是引导我形成了基于因果推断为核心的研究思路，并在这个思路下进行了一些基础的研究。自此，我逐步掌握了应用计量的各种方法，逐步开展了基于此思想的经验研究，本书的主要章节也都是基于此思想与方法。"工欲善其事，必先利其器"，谢老师让我掌握了一个有效的工具，去解决各类问题。另外，2017—2018年我也有幸去加州大学伯克利分校联合培养一年。这一年中，我不仅深化了对方法的理解，也进一步接触到了学术的前沿，在此也感谢给了我访问机会的 Peter Berck 教授。

在进行经济学研究之"道"、实现经验研究之"术"之外，如何进行研究之"法"也非常重要，在此我要感谢刘瑞明老师。博士三年级起，我向刘老师多次请教问题，刘老师传道、授业、解惑细致入微、不厌其烦。刘老师对学术的追求，对研究真问题的坚持，对学生指导的细致以及自己勤奋工作的态度都是我学习的榜样。在和刘老师的多次交流中，我逐渐加深了对中国经济问题的认识，更加明确了如何选择一个好的研究问题，对于一个研究问题如何切入、如何进行分析与论述。在和刘老师的交流中，我逐步掌握了开展经济学研究的方法，并在此条道路上不断前行。此外，刘老师组织的 CETW 讨论班也让我受益匪浅，讨论班上我增加了对顶级学术文章的理解，提高了自己写论文和讲论文的水平，也结识了一些同样有学术志向的伙伴。同时，我也要感谢江艇老师的教导和帮助，无论是在 CETW 讨论班还是江老师的微观计量课上，我都受益良多。还有，在博士四年的上课、开会过程中也承蒙陆毅、陈硕、范子英、赵作权、张耀军、吴璟等老师的指点，我也深表感激。

　　要感谢的人除了良师，还有益友。感谢孙门这个大家庭，我从 2014 年进入师门，从中汲取了成长的养分。在我刚刚步入经济学研究大门之时，师兄师姐带着我读论文、写论文；在我入门之后，我借助师门读书会的平台与大家一同交流、一同进步；后来我成了师兄，开始带着师弟师妹做一些探索时，他们给我提供了全力的支持与帮助。我受到了太多的师兄师姐的鼓励与指点，也得到了太多的师弟师妹的帮助与支持，在此感谢叶振宇、邓慧慧、胡安俊、年猛、李爱民、胡恒松、李姗姗、郭琪、李华、傅涓、姚鹏、原倩、张红梅、孙铮、李坚未、周玉龙、顾梦琛、唐泽地、孙翔宇、石林、申桂萍、朱俏俏、热娜和康佳丰等师兄师姐，感谢李恒森、夏添、张静、卢怡贤、邹磊、苏玺鉴、易淑昶、张倩、张翱、宋准、张皓、高宇杰、李方方、蒋治、李承璋和张泽邦等同门。感谢我六年的舍友满舰远，他总能用宽厚的胸怀包容我的不拘小节，还有硕士的舍友陈韧和沈博文。我也要感谢任亮、杨超、吴昊、张广君、张海剑、汤丁、赵文景、李贵芳等 2016 级区域城市经济班的各位同学，感谢在伯克利访学期间认识的各位朋友，感谢裴相烨、吴施美、阮睿、兰无双等在我撰写博士论文期间提供帮助的朋友。

　　回首过往，我要感谢一路走来支撑我前行的挚友。作为一个更关心内心安宁的人，我十分庆幸在人生道路的每个阶段都有一二挚友，可以分享内心的喜怒哀乐。感谢小学初中时的伙伴陈精华，感谢高中时的挚友洪志宇，感谢本科时的知己夏炳煜，感谢硕士时的兄弟张超磊。读博期间更是如此，博士生活不仅是对学术水平的锻炼，更是对心性的历练，感谢给我支持的康佳丰和张泽邦，他们的倾听与安慰使多愁善感的我更加有前进的动力。

　　最后，我要感谢我的父母、家人。在过去 20 多年的生活中，父母给了我最大的爱与支持，让我可以充满动力地无忧前行。套用经济学的框架，18岁之前，父母规定了我的目标函数，使我可以在一个正确的方向上前进；而18岁之后，我来到中国人民大学，父母放松了我的约束条件，使我可以在尽少的约束下自由发展。特别是在写博士论文的一年中，在我们"都挺好"的假设下，我可以集中力量安心写作，顺利地完成了论文。能拥有如此伟大的爸爸妈妈是我最大的幸运。在书籍修改过程中，父母尽其所能，帮我对全书进行了十分仔细的校对。父母一直致力于培养我成为学识渊博、心中有爱的人，这学识渊博需要我用一生的努力去积累，而心中有爱首先从爱我的父母开始……

"为什么我的眼里常含泪水？因为我对这土地爱得深沉……"在最初确定中国土地问题为研究选题时，我便想以此诗作为本书的结语。尽管本书的研究仍然比较初步，也存在不足，然而它却是我扎根中国大地、研究中国土地问题的一个起点。经过了这些研究与试炼，我依然选择以此诗为本书结语，只是对于其中土地和爱的理解与感悟，更加厚重，更加深沉了。